资源与能源
现实问题研究丛书

本书为教育部人文社科项目"利益相关者价值优化视角的大学治理结构研究"
（项目批准号11YJC630249）最终成果

中国自然资源禀赋与经济发展关系

——兼论"资源诅咒"之真伪

The relationship between
Chinese natural resources endowment and
economic development,
with the discussing theory of "resource curse"

郝娟娟　著

经济管理出版社
ECONOMY & MANAGEMENT PUBLISHING HOUSE

图书在版编目（CIP）数据

中国自然资源禀赋与经济发展关系/郝娟娟著 . —北京：经济管理出版社，2016. 11
ISBN 978 - 7 - 5096 - 4721 - 9

Ⅰ. ①中…　Ⅱ. ①郝…　Ⅲ. ①自然资源—资源经济—关系—经济发展—研究—中国
Ⅳ. ①F124

中国版本图书馆 CIP 数据核字（2016）第 271410 号

组稿编辑：王光艳
责任编辑：许　兵
责任印制：黄章平
责任校对：赵天宇

出版发行：经济管理出版社
　　　　　（北京市海淀区北蜂窝 8 号中雅大厦 A 座 11 层　100038）
网　　址：www. E - mp. com. cn
电　　话：（010）51915602
印　　刷：北京玺诚印务有限公司
经　　销：新华书店
开　　本：720mm × 1000mm/16
印　　张：9. 5
字　　数：155 千字
版　　次：2017 年 7 月第 1 版　　2017 年 7 月第 1 次印刷
书　　号：ISBN 978 - 7 - 5096 - 4721 - 9
定　　价：58. 00 元

序

　　自经济学理论创立以来，自然资源禀赋与经济发展间的关系即成为学者们研究的焦点之一。自然资源与土地一样作为经济发展的基础被人们所公认。然而，20 世纪 50 年代以来，许多自然资源匮乏的国家经济发展水平超过了自然资源丰裕的国家，自然资源丰富却贫困落后的国家比比皆是。萨克斯、沃纳和奥蒂根据这一经验事实研究得出"资源诅咒"假说。对此经济学界一直争论不休，证其真者有之，证其伪者有之。尤其需要指出的是，当初提出这一假说时的研究对象是发达国家与欠发达国家，其背景中包括众多经济以外的因素。中国作为幅员辽阔的自然资源大国，各个地方自然资源禀赋不同，对经济发展的作用是否也存在"资源诅咒"？因此，研究中国内部各地区间自然资源禀赋与经济发展间的关系，意义尤为重大。

　　郝娟娟博士所著的《中国自然资源禀赋与经济发展关系研究——兼论"资源诅咒"之真伪》一书，首先，以经济增长理论为依据，运用计量经济学方法，以实证分析与规范分析相结合，对国内外关于自然资源禀赋与经济发展的关系及传导机制研究进行了梳理，并对已有文献的经济学基础进行了总结，实证检验了自然资源禀赋对经济发展的影响和自然资源禀赋与经济增长的相关关系，并对两种关系进行了比较分析。其次，进一步对以煤炭、石油、天然气等不同种类资源的开发与经济发展指标进行回归，具体观测各类自然资源对经济发展的影响。再次，从直接及间接影响两个方面具体分析自然资源禀赋对经济发展的传导机制。

最后，针对如何更好地利用自然资源禀赋促进经济发展从制度层面、行业层面及地区政府层面提出了相应的对策。

本书克服了非此即彼的直线性思维，根据最新的现实资料广泛研究事物内在联系，力求揭示事物的本质即客观真实存在。众所周知，即使基于经验的科学假设，其存在也是以一定条件为转移的。看似为真，在不同条件下即可能为伪。作者在本书中，力图在以下各点上有所创新：第一，第一次在我国省级层面使用民生与发展指数来代理经济发展，寻找自然资源禀赋与经济发展的关系。第二，对自然资源禀赋与经济增长的相关关系进行了实证检验，并对比分析了资源对经济发展以及经济增长的影响，这在国内研究自然资源与经济发展相关关系的论文中尚属首次。第三，本书研究自然资源开发与自然资源储量对经济发展的影响所得的结论在之前的文献中鲜有提出，该结论对自然资源储量丰裕地区经济发展路径的选择具有现实意义。

这部以中国自然资源禀赋与经济发展关系为研究对象的学术著作，是在作者博士学位论文的基础上修订完成的。本书从不同的视角，研究了中国自然资源禀赋与经济增长、经济发展间的关系，进一步分析了自然资源中具有代表意义的煤炭、石油、天然气资源禀赋与经济发展的关系，对我国自然资源与经济发展关系方面的研究有所补充完善。当然，正如书中所说，本书还存在一定的局限性，许多方面还需要进一步深化研究。希望本书对我国学术界关于自然资源禀赋与经济发展关系的研究能有所裨益，进一步促进我国自然资源开发利用。同时，也热切希望同行们对本研究提出宝贵意见。

王柯敬

2016 年 9 月

目　　录

第一章　导　论 ………………………………………………… 1

　第一节　选题背景与选题意义 ………………………………… 1

　　一、选题背景 ………………………………………………… 1

　　二、选题意义 ………………………………………………… 7

　第二节　研究内容与框架 ……………………………………… 8

　　一、研究内容 ………………………………………………… 8

　　二、研究框架 ………………………………………………… 10

　第三节　研究对象与方法 ……………………………………… 11

　　一、研究对象 ………………………………………………… 11

　　二、研究方法 ………………………………………………… 13

　第四节　本书的创新 …………………………………………… 14

第二章　文献综述 ……………………………………………… 16

　第一节　国外有关自然资源禀赋与经济发展关系的研究 …… 16

　　一、国外自然资源禀赋与经济发展相关关系的研究 ……… 16

　　二、国外自然资源禀赋对经济发展影响的传导机制研究 …… 22

　第二节　国内有关经济发展与自然资源禀赋关系的研究 …… 27

一、国内自然资源禀赋与经济发展相关关系的研究 ·············· 28

二、国内关于自然资源禀赋对经济发展传导机制的研究 ·········· 31

第三节 对已有文献的评述 ································· 34

一、变量指标的选取不能完全代表研究对象 ··············· 34

二、研究结论完全不同 ································· 35

三、基于国际数据的传导机制在我国国内的适用性有待验证 ······ 36

第三章 理论基础 ·· 38

第一节 自然资源禀赋与经济发展的传统理论 ··············· 38

一、自然资源和自然资源禀赋 ··························· 39

二、经济发展理论 ··································· 40

三、自然资源禀赋对经济发展的正效应 ··················· 42

第二节 "资源诅咒"理论 ······························ 45

第四章 自然资源禀赋与经济发展的实证研究 ··············· 49

第一节 模型设置 ····································· 49

第二节 变量选取 ····································· 50

一、产出变量 ······································ 50

二、自变量 ······································· 53

三、控制变量 ······································ 54

第三节 自然资源开发与经济发展关系的实证检验 ··········· 56

一、描述性统计 ···································· 56

二、平稳性及协整检验 ······························· 57

三、面板模型的选择 ································· 59

四、模型回归结果 ·································· 60

第四节 自然资源开发与经济增长关系的实证检验 ··········· 63

一、描述性统计 ···································· 63

二、平稳性及协整检验 …………………………………………… 65

三、面板模型的选择 …………………………………………… 66

四、模型回归结果 ……………………………………………… 67

第五节　自然资源开发对经济发展及经济增长影响的比较分析 ……… 69

第六节　本章小结 ……………………………………………… 71

第五章　不同种类自然资源禀赋与经济发展关系的实证研究 ………… 72

第一节　模型选择 ……………………………………………… 73

第二节　变量选取 ……………………………………………… 73

第三节　自然资源储量与经济发展关系的实证检验 ………………… 74

一、描述性统计 ………………………………………………… 75

二、平稳性及协整检验 ………………………………………… 76

三、面板模型的选择 …………………………………………… 77

四、模型回归结果 ……………………………………………… 77

第四节　煤炭资源开发与经济发展关系的实证检验 ………………… 79

一、描述性统计 ………………………………………………… 80

二、平稳性及协整检验 ………………………………………… 81

三、面板模型的选择 …………………………………………… 82

四、模型回归结果 ……………………………………………… 82

第五节　石油、天然气资源开发与经济发展关系的实证检验 ………… 84

一、描述性统计 ………………………………………………… 84

二、平稳性及协整检验 ………………………………………… 85

三、面板模型的选择 …………………………………………… 86

四、模型回归结果 ……………………………………………… 87

第六节　本章小结 ……………………………………………… 89

第六章　自然资源禀赋对经济发展影响传导机制的实证研究 ⋯⋯⋯⋯⋯⋯ 90

第一节　模型设置 ⋯⋯⋯⋯⋯⋯⋯⋯⋯⋯⋯⋯⋯⋯⋯⋯⋯⋯⋯⋯ 91

　　一、自然资源禀赋对经济发展影响传导机制可能的路径 ⋯⋯⋯⋯ 91

　　二、基本模型 ⋯⋯⋯⋯⋯⋯⋯⋯⋯⋯⋯⋯⋯⋯⋯⋯⋯⋯⋯⋯ 94

第二节　自然资源禀赋对传导变量的直接影响 ⋯⋯⋯⋯⋯⋯⋯⋯ 95

　　一、基础回归 ⋯⋯⋯⋯⋯⋯⋯⋯⋯⋯⋯⋯⋯⋯⋯⋯⋯⋯⋯⋯ 95

　　二、稳定性检验 ⋯⋯⋯⋯⋯⋯⋯⋯⋯⋯⋯⋯⋯⋯⋯⋯⋯⋯⋯ 96

第三节　自然资源禀赋对经济发展的直接、间接影响 ⋯⋯⋯⋯⋯ 99

　　一、自然资源禀赋对经济发展的正面影响 ⋯⋯⋯⋯⋯⋯⋯⋯ 100

　　二、自然资源禀赋对经济发展的负面影响 ⋯⋯⋯⋯⋯⋯⋯⋯ 100

第四节　本章小结 ⋯⋯⋯⋯⋯⋯⋯⋯⋯⋯⋯⋯⋯⋯⋯⋯⋯⋯ 101

第七章　研究结论及政策建议 ⋯⋯⋯⋯⋯⋯⋯⋯⋯⋯⋯⋯⋯⋯⋯ 102

第一节　研究结论 ⋯⋯⋯⋯⋯⋯⋯⋯⋯⋯⋯⋯⋯⋯⋯⋯⋯⋯ 102

　　一、本书结论 ⋯⋯⋯⋯⋯⋯⋯⋯⋯⋯⋯⋯⋯⋯⋯⋯⋯⋯⋯ 102

　　二、关于结论的说明 ⋯⋯⋯⋯⋯⋯⋯⋯⋯⋯⋯⋯⋯⋯⋯⋯ 104

第二节　政策建议 ⋯⋯⋯⋯⋯⋯⋯⋯⋯⋯⋯⋯⋯⋯⋯⋯⋯⋯ 105

　　一、制度层面 ⋯⋯⋯⋯⋯⋯⋯⋯⋯⋯⋯⋯⋯⋯⋯⋯⋯⋯⋯ 106

　　二、行业层面 ⋯⋯⋯⋯⋯⋯⋯⋯⋯⋯⋯⋯⋯⋯⋯⋯⋯⋯⋯ 110

　　三、地区层面 ⋯⋯⋯⋯⋯⋯⋯⋯⋯⋯⋯⋯⋯⋯⋯⋯⋯⋯⋯ 113

附　录 ⋯⋯⋯⋯⋯⋯⋯⋯⋯⋯⋯⋯⋯⋯⋯⋯⋯⋯⋯⋯⋯⋯⋯⋯ 119

附录一　民生与发展指数评价指标体系 ⋯⋯⋯⋯⋯⋯⋯⋯⋯⋯ 119

附录二　民生与发展指数的确定、计算方法及数据来源 ⋯⋯⋯⋯ 121

参考文献 ⋯⋯⋯⋯⋯⋯⋯⋯⋯⋯⋯⋯⋯⋯⋯⋯⋯⋯⋯⋯⋯⋯⋯ 124

后　记 ⋯⋯⋯⋯⋯⋯⋯⋯⋯⋯⋯⋯⋯⋯⋯⋯⋯⋯⋯⋯⋯⋯⋯⋯ 143

第 一 章

导 论

第一节 选题背景与选题意义

一、选题背景

1. 理论背景——学术界对自然资源禀赋与经济发展关系的争论

经济发展的原始驱动力是什么，这是自经济学产生以来学者们最感兴趣的问题之一。从古典经济学初期提出的自然资源、物质资本、劳动力到新经济增长理论中提到的技术进步、人力资本、技术创新一系列要素被人们广泛认可。这其中自然资源要素是最早被经济学家提及的经济发展基础，虽然在后来经典的经济增长理论模型中没有纳入自然资源要素，但自然资源禀赋被默认为经济增长的物质基础。在世界各国的经济发展中，也有许多实例印证了丰裕的自然资源可以对经济增长产生显著的促进作用，使这些地区经济发展水平高于自然资源匮乏地区。

但现实中的经济发展也没有完全按照这一轨迹持续进行，尤其在进入20世纪50年代以后，许多自然资源匮乏国家的经济出现了快速发展，很快赶上并超过了自然资源丰裕的国家，据萨克斯、沃纳（Sachs and Warner，1999）和奥蒂（Auty，2001）的研究结果显示，从20世纪60～90年代的30年间，自然资源匮乏国家人均GDP增速是自然资源丰裕国家的2～3倍，并且两类国家经济增长率的差距还在不断扩大。三位学者提出的这一经验事实引起了国际众多经济学者的关注，人们开始重新审视自然资源禀赋与经济发展间的关系，"资源诅咒"假设应运而生。

奥蒂（1993）在研究矿产丰裕国家的经济发展问题时首次提出了"资源诅咒"（Resource Curse）的概念。所谓"资源诅咒"是指丰裕的自然资源对一些国家的经济增长而言并非是有利条件，反而成为一种限制，自然资源的丰裕不仅没有带来经济的快速增长，反而使国家陷入了长期的经济停滞、战乱等境地，由此开始"资源诅咒"成为经济学一个新的研究方向。

奥蒂在最早提出"资源诅咒"时是指资源繁荣之后变得相对宽松的经济政策对制造业造成的不利影响，但随着学者们不断深入的研究，"资源诅咒"的内涵也在逐渐扩展，演变成由于对自然资源的开发利用引起各种社会问题的统称。例如，对自然资源的大量开发容易造成对教育投资的挤出、对制造业投入的挤出、对物质资本投入的挤出、因体制不完善带来的寻租、腐败等问题也由此加剧。自萨克斯和沃纳（1995）建立了Sachs—Warner模型（以下简称S—W模型）用于分析"资源诅咒"传导机制之后，许多学者接受了自然资源丰裕阻碍经济增长的"资源诅咒"理论。在研究中人们进一步发现点资源（Point Resources）的"资源诅咒"效应比散资源（Diffuse Resources）更为严重和普遍，石油、天然气和煤炭等能源资源的"诅咒"效应尤为明显①。这一观点也被其他学者陆续证实。

但是"资源诅咒"理论与传统经济发展理论中的自然资源禀赋与经济发展

①　点资源包括油气资源和煤炭资源等矿产资源；散资源包括咖啡、可可等农业资源。伊斯特里（Easterly）把自然资源禀赋的种类划分为点资源和散资源，并将98个自然资源丰裕国家划分为点资源丰裕国家和散资源丰裕国家，分别检验了这两类自然资源禀赋与经济增长的关系，检验结果发现，点资源丰裕国家的"资源诅咒"现象更加严重。

关系结论相悖，也与人们对二者的认知相违背，因此自该命题产生之日，对"资源诅咒"理论的怀疑与证伪也一直存在。进入 21 世纪之后许多学者通过实证研究提出了不同意见，阿列克谢耶夫和康拉德（Alexeev and Conrad, 2005）、斯蒂金斯（Stijns, 2005）、布鲁奇维尔（Brunnschweiler, 2007）都提出了不同观点，大量实证研究同时证明了不同的结论：并非所有自然资源丰裕的国家经济发展都遭遇了失败。例如，30 年前尼日利亚和印度尼西亚都依赖石油开发，但是经过 30 年的发展，印度尼西亚并未受累于此，人均 GDP 增长为尼日利亚的 4 倍；再如，博茨瓦纳和塞拉利昂都盛产钻石，但是在 30 年的发展中塞拉利昂战乱不断，博茨瓦纳却保持了年均 8.7% 的增长率。针对不同国家实证检验得出的自然资源与经济增长之间截然不同的关系，笔者认为有必要重新探讨自然资源对经济发展的影响，尤其是对我国而言，以省为单位的不同地区，自然资源禀赋各不相同，经济发展水平也千差万别，其省级层面自然资源与经济发展的关系究竟是"资源诅咒"还是"资源福利"需要进行深入研究。

另外，即使目前我国学术界更多学者认同"资源诅咒"假说，认为"资源诅咒"的结论是相对稳定的，但对其政策含义却不明确，主要原因是对"资源诅咒"传导机制的研究结论意见不一致。不同学者对造成"资源诅咒"的根本原因持不同看法，"荷兰病"、教育投入挤出、制造业投资挤出、科技创新挤出、引起寻租与腐败造成制度质量变差、引起贸易保护导致开放程度变差、产生产权不明晰等因素都是学者们认为导致"资源诅咒"的成因，但是每类观点都只证明了其看重的因素对"资源诅咒"产生的影响，却几乎没有同时排除掉其他假设。不同学者在论证时选择了不同数据类型、增长模型和变量指标，是产生上述差异的主要原因。但研究"资源诅咒"最终的目的是为了避免在经济发展中这一假说的出现，为制定经济发展政策提供依据，因此"资源诅咒"的传导机制是与"资源诅咒"是否成立同样重要的问题，因为只有认清其传导机制才能改善"资源诅咒"带来的不利影响。

2. 现实背景——自然资源在中国经济发展中重要的作用

自 1978 年以来，中国的经济总量和自然资源消费总量迅速增长，在自然资源消费中又以能源的消费最为普遍，对经济发展的影响也更直接，因此本书对自然资源的研究着重于能源资源。中国是能源生产和消费大国，人口众多，又正处于工业化、城镇化的快递发展时期，未来能源需求总量仍将快速增加，同时增长又存在较多不确定性。中国的人均能源资源特别是优质资源储量远低于世界平均水平，国内资源储量越来越难以满足本国社会经济发展的需要，而能源资源在经济发展中的作用却十分重要。我国的能源利用情况如表 1 - 1 所示，国内生产总值由 1953 年的 0.37 万亿元增长到 1978 年的 1.53 万亿元，再增长到 2013 年的 263845.83 万亿元（按 2005 年不变价计算）。1953～1978 年、1979～2013 年两个阶段平均增长率为 5.8% 和 9.8%。能源消费量由 1953 年的 0.54 亿吨标准煤增长到 1978 年的 5.71 亿吨标准煤，再增长到 2013 年的 37.50 亿吨标准煤，年均增长分别为 9.9% 和 5.4%[①]。从发展的趋势看，1978 年以来能源消费增速低于国内生产总值增速，说明国内能源利用效率在逐步提高，单位 GDP 能耗有下降趋势，但即便如此，我国的单位 GDP 能耗与发达国家相比，依然较高（见图 1 - 1）。

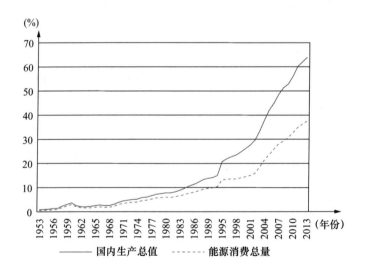

图 1 - 1　1953～2013 年我国国内生产总值及能源消费总量变化趋势

---

① 资料来源：1978～2013 年《国家统计年鉴》及 2010 年《中国能源报告》。

表 1-1 中国经济总量和能源消费量（1953~2013 年）

年份	能源消费总量（亿吨标准煤）	国内生产总值（万亿元）	单位 GDP 能耗（吨标准煤/万元）	年份	能源消费总量（亿吨标准煤）	国内生产总值（千万亿元）	单位 GDP 能耗（吨标准煤/万元）
1953	0.54	0.37	1.46	1982	6.21	2.03	3.06
1954	0.62	0.39	1.59	1983	6.6	2.26	2.92
1955	0.7	0.42	1.67	1984	7.09	2.6	2.73
1956	0.88	0.48	1.83	1985	7.67	2.95	2.60
1957	0.96	0.50	1.92	1986	8.09	3.21	2.52
1958	1.76	0.61	2.89	1987	8.66	3.58	2.42
1959	2.39	0.66	3.62	1988	9.3	3.98	2.34
1960	3.02	0.66	4.58	1989	9.69	4.15	2.33
1961	2.04	0.48	4.25	1990	9.87	4.30	2.30
1962	1.65	0.45	3.67	1991	10.38	4.70	2.21
1963	1.56	0.5	3.12	1995	13.12	7.67	1.71
1964	1.66	0.59	2.81	1996	13.52	8.44	1.60
1965	1.89	0.69	2.74	1997	13.59	9.23	1.47
1966	2.03	0.77	2.64	1998	13.62	9.95	1.37
1967	1.83	0.72	2.54	1999	14.06	10.71	1.31
1968	1.84	0.69	2.67	2000	14.55	11.61	1.25
1969	2.27	0.81	2.80	2001	15.04	12.57	1.20
1970	2.93	0.97	3.02	2002	15.94	13.72	1.16
1971	3.45	1.04	3.32	2003	18.38	15.09	1.22
1972	3.73	1.08	3.45	2004	21.35	16.61	1.29
1973	3.91	1.16	3.37	2005	23.60	18.49	1.28
1974	4.01	1.19	3.37	2006	25.87	19.19	1.35
1975	4.54	1.29	3.52	2007	28.05	20.65	1.36
1976	4.78	1.27	3.76	2008	29.14	22.26	1.31
1977	5.24	1.37	3.82	2009	30.66	22.13	1.39
1978	5.71	1.53	3.73	2010	32.49	23.61	1.38
1979	5.86	1.64	3.57	2011	34.80	25.45	1.37
1980	6.03	1.77	3.41	2012	36.17	25.95	1.39
1981	5.94	1.87	3.18	2013	37.50	26.38	1.42

资料来源：1978~2013 年《中国统计年鉴》，2010 年《中国能源报告》。

中国的自然资源主要分布在相对偏远落后的地区，西部大开发后其逐渐成为中国的自然资源生产中心。首先，西部地区具有绝对的数量和质量优势。数据显示，2013 年西部地区煤炭、石油、天然气的基础储量分别为 1025.71 亿吨、131287.1 万吨、39730.75 亿立方米，分别占全国总量的 43.41%、45.76%、92.15%①；同时，西部地区煤炭、石油、天然气产量分别为 10.3 亿吨、5195 亿吨、547.6 亿立方米，占全国总产量的 40.6%、27.9%、79.1%。但是在近 30 年的发展过程研究中学者们发现，丰裕的自然资源和自然资源开发的繁荣并没有为自然资源丰裕地区带来经济和社会的全面快速发展，尤其 2000 年之前，自然资源丰裕的西部地区经济增长相对于自然资源贫乏的东部地区无任何优势可言。邵帅、齐中英（2008），徐康宁、王剑（2006），胡援成、肖德勇（2007），张景华（2008），胡健、焦兵（2008）等都证明了中国自然资源丰裕地区，至少是某些自然资源丰裕的省份，其丰裕的资源制约了本地经济社会的发展，产生了"资源诅咒"现象。

随着 1999 年西部大开发的持续推进，其自然资源开发更加繁荣。伴随西气东输等大型能源工程的建设完工，西部地区资源开发的力度不断加大，开发资源的种类在不断增多，资源开采量也在不断增大，而且自然资源开发及其相关延伸产业被大部分自然资源丰裕地区的政府定位为支柱产业。如果如之前学者所验证的那样，"资源诅咒"确实存在，那么随着资源开发种类和开采量不断增加，资源对经济发展的阻碍作用必将加强，而且这种现象在未来很长时间之内都将存在。但是随着我国经济发展的深化，对自然资源的开发不可能停止，甚至连减少都非常困难，因此研究自然资源开发对经济发展的影响，寻找恰当的政策建议促进自然资源开发对经济发展的有利作用就显得至关重要。

---

① 国家统计局能源统计司. 中国能源统计年鉴［M］. 北京：中国统计出版社，2008.

二、选题意义

对自然资源禀赋与经济发展关系的关注是经济学界实证分析、理论推演、政策研究一个重要的领域。由于世界自然资源需求不断扩大以及对可持续发展要求越来越高的背景，自然资源丰裕地区一方面想要通过积极的激励措施扩大自然资源生产，另一方面又不得不考虑自然资源生产所带来的对社会经济的综合影响，尤其是对生态环境、制度质量造成的负面作用。2007 年世界银行发起了全球性的加强对"资源诅咒"的政治经济分析，目的就是建立和发展一套更为系统的评估方法和政策形成机制，对自然资源丰裕的发展中国家的技术、政治经济等问题加以解决，其中的关键任务是帮助这些地区政府和自然资源开发主体采取有效行动以对自然资源采掘的效用最大化。这充分说明在全球范围内对自然资源和经济发展关系研究的重要性。

自然资源是一个国家和地区财富的重要来源和组成部分，其作为社会生产要素的基础，对促进地区经济发展有着其他生产要素不能替代的作用。因此对自然资源禀赋与经济发展关系的研究也一直是学术界的热点问题和核心问题。学术界对自然资源禀赋与经济发展关系的判断一直存在争议，自然资源究竟是"诅咒"还是"福利"学者们尚未达成共识。学术界的争议中，有学者认为是由于自然资源禀赋的不同才导致不同国家之间或者同一国家不同地区之间经济发展水平存在差异；但也有学者认为，自然资源禀赋会通过影响其他因素进而传导影响经济发展，人们直接把经济发展的水平归置于自然资源禀赋只是一种对表象的误解，学术界争论不休，支持各自论点的学者也都针对其论点提出了支撑论据。另外，如果从长期的时间观察，自然资源禀赋与经济发展的关系是一直处于某种关系之下还是会在某种条件或时期发生变化或出现拐点，这一问题也有待商榷。在上述研究背景之下，我国各省级区域自然资源禀赋与经济发展又是怎样的关系，是否保持与经济增长相同的作用，面对这些问题，我们需要更清晰地梳理出其关系，才能对我国各地区自然资源的开发利用提出更为有效的政策建议。

第二节　研究内容与框架

一、研究内容

基于自然资源与经济发展关系的理论进展、实证研究结论的分歧和自然资源对我国经济发展的重要性以及我国自然资源丰裕地区发展的现状、趋势、面临的问题，本书从理论和实证分析中探索自然资源和社会经济发展的关系及其传导机制。本书共包括七章：

第一章，导论。主要介绍本书的选题背景和研究意义、研究对象和研究方法、基本内容和研究框架以及论文创新之处。本章分析自然资源在我国经济发展中的重要作用和自然资源与经济发展关系理论实证研究的分歧，然后给出研究自然资源禀赋与经济发展的意义，进而指出本书的研究对象和研究方法、研究内容与研究结构、本书创新等内容。

第二章，文献综述。首先对国外关于经济发展与自然资源禀赋关系的研究进行梳理，总结国外关于二者正负相关的研究理论，进而研究自然资源禀赋对经济发展影响的传导机制；其次研究我国国内对经济发展与自然资源禀赋关系的理论及传导机制；最后按照自然资源禀赋与经济发展关系实证研究的分歧问题及有待进一步研究的问题和方向，引出本书的研究方向。

第三章，理论基础。本章对现有文献资料的经济学理论进行了梳理。在自然资源禀赋与经济发展的传统理论中，本书总结了各种自然资源的含义；在经济发展的历史沿革中，本书对由经济增长逐步引申出的经济发展的含义、衡量做了研究；分析了自然资源禀赋对经济发展正效应的理论；对自然资源禀赋对经济发展的影响传导机制理论做了分析；由于在自然资源禀赋与经济发展的关系中"资源诅咒"假说的支持者众多，因此本章也对"资源诅咒"假说中关于自然资源与经济发展的经典模型进行了阐述。本章为第四章、第五章、第六章实证研究中所采用的理论模型及研究方法提供了理论基础。

第四章，自然资源禀赋与经济发展的实证研究。本章首先进行相应计量工具准备，包括模型设定、变量选择、回归方法选择；其次是自然资源禀赋与经济发展关系的研究，用各省区 2000～2013 年面板数据实证检验自然资源与经济发展间具体的相关关系；最后为对比自然资源禀赋对经济增长的影响，依然使用各省区 2000～2013 年面板数据，通过实证检验观察自然资源禀赋与经济增长的相关关系，对两种关系进行了比较分析。

第五章，不同种类自然资源禀赋与经济发展关系的实证研究。在更换自然资源禀赋的代理指标后，以自然资源储量替代自然资源开发再次以回归的方法观测自然资源与经济发展间的关系；为具体研究不同类型资源对经济发展的影响，本章以煤炭、石油、天然气等不同种类资源的开发与经济发展指标进行回归，具体观测各类自然资源对经济发展的影响。

第六章，自然资源禀赋对经济发展影响传导机制的实证研究。本章在前章研究的基础之上进一步探讨了自然资源究竟如何作用于经济发展，除了直接影响之外，资源禀赋还通过影响人力资本投资、制度质量、物质资本投入、技术创新等传导变量对经济发展产生间接影响，但影响的方向并不完全与第四章回归结果一致。本章在对自然资源禀赋和上述传导变量进行基础回归之后，加入初始人均国内生产总值以及其他传导变量考察结果的稳定性，再从直接及间接影响两个方面具体分析自然资源禀赋对经济发展的传导机制。

第七章，研究结论及政策建议。并说明此结论对今后更好地利用自然资源促进经济发展的政策启示作用，本章对本书研究结论进行了总结，对得出这一结论可能的原因进行了说明。最后针对如何更好地利用自然资源禀赋促进经济发展从制度层面、行业层面及地区政府层面提出了相应的对策。

二、研究框架

本书研究框架如图 1-2 所示。

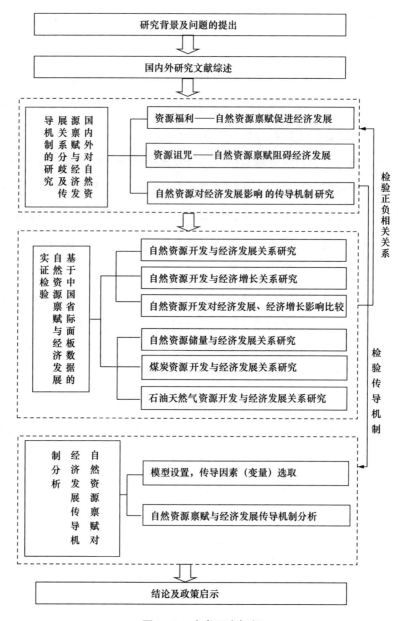

图 1-2 本书研究框架

第三节　研究对象与方法

一、研究对象

本书立足于研究我国各省区自然资源禀赋与经济发展之间的关系，这里的经济发展既包含传统意义上的经济增长（GDP 的增长是之前学者研究的重点），又跳脱出经济增长的概念，用国家统计局公布的发展与民生指数（DLI）来代理经济发展变量，探讨自然资源禀赋对经济全面发展的影响。

本书研究自然资源禀赋与经济发展的关系及其传导机制，核心概念包括三个：一是自然资源禀赋；二是经济发展；三是自然资源禀赋对经济发展影响的传导机制。以下将分别论述这三个核心概念的内涵。

1. 分析对象

本书的分析对象是自然资源禀赋，在我国经济发展中所使用的自然资源开发比例最大的是能源资源。在研究对象中有以下三点需要说明：

第一，本书所研究的自然资源并不涵盖所有种类的自然资源，而是以我国经济发展中利用比例最高的各类点资源为研究对象。

第二，本书自然资源禀赋概念中的"自然资源"是指潜在的可开发的被自然科学家及经济学家所认可的"自然资源"。例如，在针对"荷兰病"的研究中学者们认为，"自然资源"是已开发的和已经证明可以经济开发的资源，"潜在自然资源"能否作为可以经济开发资源还要考虑当地的政治经济因素和技术开发水平。研究所指自然资源若含义不同，所得出的自然资源禀赋与经济发展的关系也会不尽相同①。19 世纪末著名学者帕登（Patten）提出"经济学界更需要证明已有理论，而不是不断提出新理论"②。本书沿用该学者的思想，对文章的研究对象设定为已开发的自然资源，为进行对比研究也会将其含义扩展到探明可进行经济开发的资源，但在文章中统一使用"自然资源禀赋"的概念，使用之处会做具体说明。

第三，由于统计资料的可得性，本书在实证研究中将会对"自然资源禀赋"的范围进一步缩小，使用国家统计部门做连续统计的煤炭、石油、天然气开发数据来具体代理自然资源禀赋，虽然该项代理指标不能完全代表自然资源禀赋，但是可以描述自然资源与经济发展的关系。这种做法主要基于两点考虑：一是能源资源是目前我国最重要的自然资源之一，也是我国目前开发力度最大的自然资源；二是数据的可得性。需要强调的是本书理论推演的结论及最后的政策建议适用于所有点资源。

2. 变量选取

本书的产出变量是经济发展，具体的代理变量为发展与民生指数。在过去，许多经济学家都用经济增长（Economic Growth）指标——人均年收入的增长率来表示经济发展（Development）。经过认真衡量发现，有些收入之外的指标对我们来说比人均年收入的增加更为重要，为此，许多组织试图构建衡量社会福利的方法来表示经济发展。许多经济学家选择了一个包括收入的指数，其中最突出的是由联合国发展计划署（UNDP）从 1990 年起开始构建的人类发展指数（Human Development Index，HDI）。与之相对应的是中国国家统计局在人类发展指数基础之上从 2000 年开始逐年公布的我国民生与发展指数，该指标更加全面细致地衡量经济发展，其中包含 41 项细分指标，笔者认为，该指标对经济发展的衡量更为全面与妥当。该指标涵盖经济增长、民生改善、社会发展、生态建设、科技创

---

① Foster 和 Rosenzweig（2003）发现经济增长和潜在资源储量的关系为正相关；Saehs 和 Warner（1995）发现经济增长和已开发资源之间存在很强的负相关。

② Simon Nelson Patten. The Stability of Prices［M］. Whitefish：Kessinger，1889.

新五个方面，比起只包括健康、知识和人均收入，且三个项目权重相等的人类发展指数，发展与民生指数更为全面、科学和系统。

3. 数学方法

本书关于自然资源开发和经济发展关系传导机制的分析，根据以往文献中"资源诅咒"传导机制的影响机理，从中寻找可能成为我国自然资源开发与经济发展传导变量的指标，然后对每一个传导变量分别做自然资源开发与其基础回归，为保证回归稳定性，在基础回归之后会根据以往文献研究加入控制变量以观察影响是否发生改变。对所有传导变量进行回归后找到自然资源开发对传导变量的影响，再分析其通过传导变量影响经济发展的作用机制。

4. 数据来源

本书采用2000～2013年我国大陆地区除西藏、海南外（因数据缺失严重影响回归结果而未采用）其他29个省、市、自治区共406个样本容量的面板数据进行实证分析。本书所使用的数据主要来源于几部分：①公开出版的各种统计资料，包括2000年以来国家统计局颁布的《中国统计年鉴》、各省区经济统计年鉴、《中国能源统计年鉴》《中国工业经济统计年鉴》《中国科技统计年鉴》、财政统计年鉴、各种统计资料汇编等。②查阅各级政府文件，包括国务院、国土资源部关于我国自然资源开发的政策文件、各省、市、自治区的国民经济和社会发展规划纲要。

二、研究方法

模型推演方法。本书以内生经济增长理论、传统"荷兰病"模型为基础，同时考虑内生经济增长的动态性和"荷兰病"引起的生产要素再分配，构建两部门经济系统模型，分析自然资源禀赋对经济发展的影响。通过理论推演说明资源禀赋对经济发展并不产生负相关影响，同时发现对于以发展与民生指数代理的经济发展绝对收敛并不出现。

规范分析和实证分析相结合的方法。本书首先使用基本理论工具和数学语言推导自然资源禀赋对经济发展的影响和具体影响方式；其次使用面板数据分析和检验二者之间的关系，用大量数据和计量工具给出二者正相关的事实证据。

计量分析方法。计量分析方法：①使用面板数据回归以克服变量遗漏的误差，更多反映自然资源禀赋与经济发展的短期效应。②基本模型使用最小二乘法回归（OLS），稳健性检验中使用固定效应回归、二阶段最小二乘法（2SLS），这样可以更好地得到估计量，也可以考察估计方法对自然资源与经济发展关系结论的影响。

第四节 本书的创新

本书的创新之处体现在以下三个方面：

首先，目前在国内研究省级层面自然资源与经济发展的文献中，普遍以经济增长替代经济发展，常用的增长指标包括 GDP 增速，人均 GDP 等，对增长以外的经济发展与自然资源的关系研究甚少。也有少部分学者尝试研究发展与自然资源的关系，使用的发展指标多为居民人均收入等单一指标，国际研究中使用的较为综合概括经济发展的指标一般为人类发展指数，但由于数据可得性，在我国省级层面尚无人尝试。本书第一次使用民生与发展指数来代理经济发展，该指数是国家统计局从 2000 年起新增的衡量经济发展的较为全面的指数，因此本书在研究自然资源与经济发展关系中第一次以该指数作为因变量寻找自然资源禀赋与经济发展的关系，笔者认为，对于更加全面的衡量资源在经济中的作用很有裨益。在对自然资源禀赋与经济发展相关关系进行考察之后，本书也对自然资源禀赋与经济增长的相关关系进行了实证检验，并对自然资源禀赋对经济发展以及经济增长的影响进行了对比分析，这在国内研究资源与经济发展的论文中尚属首次。

其次，在自变量的选择中学者们或是以自然资源开发代理自然资源禀赋，或是以自然资源储量代理自然资源禀赋，本书中同时观察两种自然资源禀赋的代理变量对经济发展的影响，结果发现，自然资源开发对经济发展具有促进作用，而自然资源储量本身对经济发展则有阻碍作用，即资源储量本身存在"资源诅咒"现象，这一观点在之前的文献中鲜有提出，该结论对自然资源储量丰裕地区经济发展路径的选择具有现实意义。

最后，对自然资源禀赋与经济增长进行回归时，经济增长与人均国内生产总值间存在收敛效应，即人均国内生产总值系数为负，经济落后地区与发达地区最后应均达到一致的经济增长速度，这一观点在经济学界被普遍认同。但本书采用S—W模型回归自然资源禀赋与经济发展的关系，结果发现，初始国民收入与全面的经济发展之间不存在收敛效应，系数相关性为正，具有发散性，即初始人均国内生产总值越高的地区经济发展水平越高。这一结论与经济增长衡量的经济发展并不一致。

第 二 章

文献综述

第一节 国外有关自然资源禀赋与经济发展关系的研究

一、国外自然资源禀赋与经济发展相关关系的研究

1. 正相关关系

自然资源禀赋与经济发展的关系是现代经济学中一个重要的研究领域，诸多学者的研究都证明，在一个国家的经济发展中，自然资源是不可或缺的要素之一。从财富增长的角度看，丰裕的自然资源是一个国家或地区的福祉，是地区财富增长的基础，可以为经济发展提供资源保证。

（1）自然资源禀赋促进经济增长。对发展的研究从产生经济学起就没有停止过，在早期的研究中，发展意味着财富，到20世纪50年代，人们开始将一国

一段时期内产出的增长定义为发展，产出增长逐步成为发展的基本特征。在后来的研究中，学者们多以经济增长来指代经济发展。在古典经济增长模型中自然资源禀赋并不是经济增长的影响因素，但只要提到经济增长的源泉，众多学者们却总会首先想到自然资源禀赋，将自然资源看作经济增长的物质基础。自然资源禀赋通常会和劳动力、物质资本、人力资本、制度创新、技术进步等被共同考虑为经济增长的驱动因素，不同学者研究的目的不同，侧重点则不尽相同。其中重农学派对自然资源禀赋的作用最看重，对自然资源禀赋与经济增长的正相关关系论述最详尽。在古典经济学的研究中，威廉·配第（William Petty）认为，创造财富的基本要素为劳动和土地，其中土地即为自然资源禀赋的代名词；重农学派的弗朗斯瓦·魁奈（Francois Quesnay）同样认为，原始财富的真正源泉来自土地产出的产品。

伴随社会的发展，经济增长中自然资源的基础性地位并没有发生改变，但其对经济增长而言重要性却在不断发生变化，众多学者对此进行了深入的研究与探索。

罗斯托（Rostow，1960）和墨菲（Murphy，1989）认为，自然资源禀赋对于经济增长具有明显的促进作用[1][2]，这一直是发展经济学家们认可的观点。根据诺思（North，1955）的研究结论，丰裕的自然资源是众多发展中国家经济发展的基础，只有通过对本国所拥有自然资源的开发和出口获得收益，并将收益转化为资本，才能完成本国资本积累的增长，促进本国经济的发展，自然资源禀赋可以说是这些发展中国家的"第一桶金"，该观点也被学者纳克斯（Nurkse，1983）[3] 所证实。在这之后，发展经济学也从两个方向对纳克斯的结论进行了实证：方向一，罗赛斯和塔托姆（Rashe and Tatom，1977）从经济学理论模型的构

① W. W. 罗斯托. 经济成长的阶段——非共产党宣言 ［M］. 北京：商务印书馆，1960.

② Murphy Kevin M. ，Andrei Shleifer，Robert Vishny. Income Distribution，Market Size and Industrialization ［J］. Quarterly Journal of Economics，CIV 1989（8）：37 - 64.

③ Nurkse. Problems of Capital Formation in Under - Developed Countries ［M］. London：Oxford University Press. 1983.

建与实证的角度第一次把自然资源作为要素禀赋引入 C—D 函数，以寻找自然资源开发与经济发展的规律①。瑞德伯格和伍德福德（Rotemberg and Woodford，1999）、芬恩（Finn，2000）、多罗迪恩（Doroodian，2003）等学者继续沿用这一思路，构建了自然资源与经济发展正相关的理论模型，德雷克（Drake，1972）研究证实加拿大、美国、澳大利亚等国家在经济发展之初也是首先通过发展自然资源产业才率先实现了在世界格局中从"外围"到"中心"的转换过程。

在现实中，自然资源丰裕对一个国家或地区经济发展产生显著正向效应的例子不胜枚举。最典型的如美国和加拿大，其都是自然资源非常丰裕的国家，经济发展水平也保持了与自然资源水平相当的地位。哈巴谷（Habakkuk，1962）研究发现，美国国内煤、铜、石油、铁矿石等自然资源产品的开采和生产对其确立在全球工业生产中的领导地位起着不可替代的作用，丰裕的自然资源使美国在工业生产中获得了更高的生产率，才使美国经济从 19 世纪之后快速发展起来，形成了美国经济的繁荣局面。赖特（Wright，1990）对美国经济的研究也得出了类似的结论，他为了研究自 20 世纪初以来美国制造业一直保持世界技术领先水平的原因，测算了美国制成品的要素构成，结果发现，在美国制造业出口产品中不可再生自然资源密集型产品所占比例非常高，并且在大衰退前约 50 年的时间内该类产品出口一直保持持续上升的态势。德隆和威廉姆森（Delong and William-son，2004）也证明资源产地对自然资源型产业具有十分明显的依赖性。

（2）对"资源诅咒"学说的证伪。从"资源诅咒"学说诞生之日，就不乏大量的拥趸，但也有许多学者以"资源诅咒"研究思路为切入点，证明其是伪命题，对于"资源诅咒"的证伪有两种观点：一种观点认为"资源诅咒"不成立。所谓的"资源诅咒"只是一种假象，是人们把许多阻碍经济发展的因素归咎于自然资源。另一种观点认为"资源诅咒"只会在某些特定条件下存在，不同时间段、不同地区、不同种类的自然资源禀赋对经济发展的作用差异性巨大，

<hr />

① Rashe R., Tatom J. Energy Resources and Potential GNP [J]. Federal Reserve Bank of St Louis Review, 1977（6）：68 – 76.

因此"资源诅咒"假说可能只是一定条件下的结论。

戴维斯（Davis，1995）是较早对"资源诅咒"进行证伪的学者之一，在研究中，他将22个矿产资源丰裕的经济体和57个矿产资源匮乏的经济体的发展效率进行了对比，研究结果显示，把矿产资源丰裕的经济体作为一个整体与矿产资源匮乏的经济体进行比较，资源丰裕经济体并不存在"资源诅咒"效应[①]。伊恩·考克斯黑德（Ian Coxhea，2006）通过对国际数据的比较发现，自然资源禀赋与经济增长率之间并没有一一对应的关系，各国自然资源禀赋与经济增长率的关系十分复杂，这在某种程度上也驳斥了"资源诅咒"假说[②]。赖德曼和马洛尼（Lederman and Maloney，2008）利用跨国数据和新的计量方法（3SLS）进行了实证研究，结果也发现"资源诅咒"并不存在[③]。

卡丁顿（Cuddington，1999）对贸易条件恶化论进行了研究，他发现研究中所选的26种初级产品，贸易条件有所恶化的只有5种，另外还有5种产品贸易条件得到改善，占多数的16种产品贸易条件没有发生变化。在贸易条件恶化的5种产品中有3种来自发达国家的出口（小麦、玉米和皮革），还有一种产品（棕榈油）主要来自马来西亚，而马来西亚却是全球经济增长速度最快的发展中国家之一[④]；价格波动理论并不能完全揭示自然资源出口与经济增长之间的互动影响机理。事实上在许多发展比较早的发达国家，自然资源产业的繁荣为本国的经济起飞提供了必要的物质资本和技术支持[⑤]。

2. 负相关关系——"资源诅咒"学说

从经济增长源泉看，自然资源作为经济增长的物质基础是被广大经济学家接

---

① G. A. Davis. Learning to Love the Dutch Disease. Evidence from the Mineral Economies ［J］. World Development，1995，23（10）：34 - 45.

② Ian Coxhea. 国际贸易和自然资源诅咒：中国的增长威胁到东南亚地区的发展了吗？［J］. 经济学（季刊）. 2006（1）：609 - 634.

③ D. Lederman，W. F. Maloney. In Search of the Missing Resource Curse ［Z］. Policy Research Working Paper，2008.

④ Cuddington. The Political Economy of the Resource Curse ［J］. World Politics，1999，51（2）：297 - 322.

⑤ 罗斯托. 经济成长的阶段 ［M］. 北京：中国社会科学出版社，2000.

受和认同的。但 20 世纪 50 年代以来，许多自然资源丰裕的国家或地区却出现了经济发展水平较低或发展停滞的困境，这使许多学者开始重新关注自然资源丰裕对经济增长的影响。尤其自奥蒂在 1993 年提出"资源诅咒"命题以来，自然资源丰裕对当地经济发展的阻碍问题被越来越多的人所关注①。奥蒂在"资源诅咒"概念提出之初对其所赋的含义比较简单，仅指自然资源丰裕地区并没有获得人们所预期的经济持续性快速增长；相反自然资源相对匮乏的区域却获得了比自然资源丰裕地区更快的经济增长，即自然资源丰裕与经济增长速度呈显著负相关。自然资源丰裕并没有为经济增长带来持续正效应，却在一定时期内成为经济增长的制约因素。对于这一命题的研究，学者们不仅关注了自然资源丰裕与经济增长的负相关关系，还关注了自然资源经济部门对当地政治制度、经济结构和生态环境效应等方面的负面影响。在经济活动中，自然资源部门会对制造业投入、人力资本投入、物质部门投入以及科技创新投入等方面产生"挤出效应"。政治制度中自然资源部门的获利容易造成腐败盛行、时局动荡等弱化制度质量的后果；对生态环境效应的影响主要表现为生态环境恶化，经济的可持续发展受到不同程度的破坏或阻碍。

事实上，对于自然资源丰裕与经济增长间的负相关研究早在奥蒂（1993）提出"资源诅咒"假说之前便已开始。普雷维什—辛格假说（Prebisch – Singer Hypothesis，1950）当属较早的研究。该假说提出，按照比较优势理论，在自由贸易的环境下，生产并出口初级产品的国家贸易条件会不断恶化，而这些国家为了获得收益必须依靠不断出口更多的初级产品才能换回自己国内发展所需的工业品，在这样的贸易条件下自然资源丰裕国家的利益受损严重，从而使其出现更多的贫困现象。

与普雷维什—辛格假说同样具有影响力的是"荷兰病"命题。20 世纪五六十年代，在荷兰北海地区探明了储量惊人的天然气资源，这对正处于发展中的荷

① Auty. R. M. Sustaining Development in Mineral Economies: The Resource Curse Thesis ［M］. London: Routledge. 1993.

兰无疑是上天赐予的"福利",荷兰因此而把发展重心转移到对天然气的开发中,通过开发并出口天然气在短期内获得了巨额的财富,但与此同时,在国际贸易中,荷兰盾也大幅升值,由于本国货币升值带来的传统机械制造业和出口工业都受到了巨大打击,使本国工业产品逐渐失去国际竞争力,出现了所谓反工业化现象,工业水平退化,导致其工业化进程受到严重阻碍。人们把这种由于自然资源丰裕带来巨大收益反而引起本国经济衰退的现象称为"荷兰病",这仿佛应验了某种"诅咒"。值得注意的是,首先,"资源诅咒"中的资源主要是指自然资源,特别是指自然资源中的各种矿产资源,比如煤、石油、天然气以及各种金属矿产等。所以,"资源诅咒"更直观地解释为自然资源丰裕地区,其自然资源不仅不能为该地区经济增长提供物质保障,反而成为一定时期内阻碍经济增长的障碍。其次,"资源诅咒"假说的主要成因——"荷兰病"中非常重要的一条传导机理是资源开发对汇率产生影响,进而影响了制造业,但对于某一国内的区域数据为样本进行的分析时,这一传导机制未必成立,多数情况下这一影响在某一国家内的不同区域不会体现出来。

"资源诅咒"假说提出之后,众多学者通过实证研究对此进行了证明。其中代表性的研究:萨克斯和沃纳(Sachs and Warner, 1995)研究发现,当控制投资率、贸易政策等变量后,自然资源禀赋与经济增长速度负相关[1]。帕皮拉基斯和格拉夫(Papyrakis and Gerlagh, 2004)研究指出,自然资源与经济增长存在两种关系的效应,二者之间一方面存在正面的直接效应,即自然资源直接促进经济增长;另一方面存在负面的间接效应,即自然资源通过对其他传导变量的影响阻碍经济增长,只有当负面效应大于正面效应时,"资源诅咒"假说才会成立[2]。阿尔扎基和普洛克(Arezki and Ploeg, 2007)通过研究证明,当控制了制度变量、国家的地理位置和开放程度之后,自然资源出口会阻碍本国人均收入的增

① J. D. Sachs, A. M. Warner. Natural Resource Abundance and Economic Growth [Z]. NBER Working Paper, 1995 (5): 398.

② E. Papyrakis, R. Gerlagh. The Resource Curse Hypothesis and Its Transmission Channels [J]. Journal of Comparative Economics, 2004 (1): 32.

长，一国的开放程度越低，就越容易产生"资源诅咒"现象。柯尼尔和歌德瑞斯（Collier and Goderis，2009）对全球 130 个国家的出口数据进行了实证检验，得出了"资源诅咒"存在的结论①。

二、国外自然资源禀赋对经济发展影响的传导机制研究

外国学者关于自然资源禀赋对经济发展影响的传导机制的研究多数集中在对"资源诅咒"机理的研究。"资源诅咒"产生的机理是什么，或者说从"自然资源"如何产生"诅咒"，通过什么样的传导机制产生，便成为"资源诅咒"研究的核心问题。关于"资源诅咒"的传导机制学术界有许多看法，但归纳起来，基本包含在经济结构诅咒和政治制度诅咒两个方面。经济结构诅咒主要指丰裕的自然资源容易使经济体陷入单一的经济结构中，把有利于调整经济结构的要素排挤在外，当自然资源优势丧失时，便会使经济陷入结构单一的困境，发展受阻，产生"资源诅咒"；政治制度诅咒主要指丰裕的自然资源容易引起管理者产生寻租、腐败等行为，弱化了制度质量，从而阻碍了经济发展，或者由于自然资源丰裕容易引起战争或政党冲突，从而阻碍了经济发展。

1. 经济结构诅咒

经济结构诅咒具有两层含义：一是当一个国家或地区拥有某种丰裕的自然资源时，国家经济比较容易依赖这种自然资源的出口贸易来发展经济，一旦该自然资源被开发殆尽，该国经济就会陷入停滞，甚至会出现经济倒退现象；二是由于过度依赖某种自然资源的开发，尤其是通过简单的出口初级产品贸易方式获得经济增长时，容易冷落或排挤其他工业或产业，阻碍其发展，对具有明显工业化属性的制造业、科研创新产业等行业的"挤出效应"将会给在自然资源产业没落

---

① P. Collier, B. Goderis. Commodity Prices. Growth and the Natural Resource Curse：Reconciling a Conundrum [Z]. MPRA Paper, 2009 (17)：315.

后的经济发展带来灾难性打击。以上两种情况的经济结构诅咒，可能会单独产生，也可能会同时作用，阻碍经济长期持续稳定发展。

默尔斯迪（Murshed，2004）等的研究为此做了很好的注脚，该学者发现，如果一个国家的经济集中于石油、矿产等点资源产业更容易出现寻租、腐败等非生产性活动，"资源诅咒"效应较容易产生，如非洲、拉丁美洲、中东石油富集区等依靠点资源发展经济的国家比东南亚一些依靠散资源发展经济的国家更容易出现"资源诅咒"现象。这是由于只依靠少数几种自然资源的开发和出口来发展国家经济，本国的各种生产要素，包括资本、劳动力、技术等都会涌向少数几个资源生产性部门，促进一国经济持续发展的农业、加工业、服务业等重要行业因与自然资源开发产业关联性不强，会由于生产要素抽离被逐渐弱化，一旦自然资源丰裕境况不在，经济结构转型会存在很大困难，自然资源型产业和非资源型产业会同时遭遇发展停滞，从而使经济发展陷入困境①。类似地，考克斯（Ian Coxhea，2001，2003）认为，"资源诅咒"的实质是自然资源要素的开发利用不能持续进行，特别是对生产力潜能较高和对国家经济发展起持续促进作用的产业，不能持续有效地利用并使这些潜能较高的产业创新生产要素，从而导致较低的经济增长。

2. "荷兰病"理论

在对自然资源禀赋与经济发展传导机制的研究中不能不提到"荷兰病"理论。这一理论是国际上学者们解释"资源诅咒"成因的最重要理论之一。该理论起源于20世纪50年代后期，由于荷兰北海地带发现了探明储量巨大的天然气资源，进入20世纪60年代后的荷兰工业发展完全倾向于对天然气资源的开发，天然气出口为荷兰在短期内带来了巨大的财富。但由此带来的后果是在国际贸易中荷兰货币升值，其国内传统的工业、机械制造也由于成本提高逐渐失去国际市

---

① M. Murshed. When Does Natural Resource Abundance Lead to a Resource Curse？［Z］. Environmental Economice Programme Discussion，2004.

场竞争力，因此导致工业萎缩，工业化水平倒退。学者们后来将这种由于自然资源丰裕而导致国家经济发展水平停滞或倒退的现象称为"荷兰病"。在奥蒂提出"资源诅咒"理论之后，"荷兰病"现象成为解释"资源诅咒"成因的主流观点之一。"荷兰病"理论主要从两个方面解释自然资源对经济发展的阻碍作用：其一，突然发现的自然资源如果被用于初级产品的开发出口，短期内会给地区经济带来巨大收益，由此引起本国货币升值，导致本国其他工业产品在国际竞争中失去竞争力；其二，自然资源开发部门的巨大收益会将国内各种促进经济发展的禀赋要素，如资本要素、人力资源要素、技术创新要素、企业家才能要素等均吸引到自然资源开发部门，造成有利于经济长期发展的农业、加工业、服务业等部门萎缩，进一步导致制造业出口下降和本国非贸易品价格上升。科登和内亚里（Corden and Neary）等通过理论推导，印证了自然资源部门繁荣、制造业衰退和经济发展减缓的关系①②。南卡尼（Nankani）等学者进一步通过实证检验了"荷兰病"是否成立③④。

3. 挤出效应

对丰裕自然资源的开发会挤占许多对其他生产要素的投入，而被挤出的这些生产要素往往是地区经济持续发展的驱动要素，这些重要的驱动因素包括教育、投资和创新等方面。从长期来看，经济增长的驱动因素主要有资本积累、人力资本（不完全等同于劳动力）、制度改进和技术进步等（林毅夫，2006）。而丰裕的自然资源会在短期内给本地区带来巨大的经济收益，由此人们经常会忽略物质资本投资的增加、人力资本的提升和储备、制度质量优化及科学技术创新等，而

---

① J. Sachs, A. Warner. Natural Resource Abundance and Economic Growth ［Z］. NBER Working Paper, 1995.

② W. M. Corden, J. P. Neary. Booming Sector and De - industrialisation in a Small Open Economy ［J］. The Ec nomic Journal, 1982, 92（368）：67－76.

③ G. Nankani. De elopment Problems of Mineral Exporting Countries ［R］. World Bank, 1979.

④ J. Sachs, A. Warner. The Curse of Natural Resources ［J］. Euopean Economic Reiew, 2001（45）：24－27.

这些因素才是经济发展的持续动力，资源开发因而削弱了经济长期增长的动力。

首先，在自然资源丰裕的地区，劳动力可以不需要较高的技能便能在初级产品的生产中获得较为丰厚的报酬，人力资本的提升在短期之内就显得无关紧要而且还需要支付成本。阿西亚和拉赫瑞（Asea and Lahiri，1999）两位学者通过建立两部门的内生增长理论模型，最终阐述了"资源诅咒"的机理，即丰裕的自然资源收益提高了非熟练劳动力的工资，造成人们对教育的忽视，从而挤出了对教育的投资，导致"资源诅咒"发生①。格尔法森（Gylfason，2001）通过研究发现，自然资源收益占国民财富的比例与政府对教育的公共财政支出、中学的入学率以及国家或地区女性对预期上学年限等指标均呈负相关关系②。帕皮拉基斯和格拉夫（2007）在美国州级数据的基础上对"资源诅咒"传导机制进行了实证研究发现，自然资源开发对教育的挤出是最重要的传导途径，在所有自然资源对经济发展的负面影响中，挤出教育资源这一因素占25%③。

其次，丰裕的自然资源会通过抑制物质资本投资阻碍经济增长。格夫森和佐伊加（Gylfason and Zoega，2002）研究发现，自然资源开发会挤出对人力资本投资和物质资本投入，也可能会延迟金融系统的发展，从而间接损害投资和储蓄④。帕皮拉基斯和格拉夫（2006）论述了"资源诅咒"的传导机理，通过建立迭代模型得出自然资源突然发现所带来的意外收益增加了人们对未来收入的预期，因此会减少当期对物质资本的投入，当由于投入降低所导致产出降低的程度超过了自然资源收入的增加程度时，"资源诅咒"便会产生⑤。

最后，丰裕的自然资源会挤出创新从而延缓或阻碍经济增长，创新包括制度

① P. K. Asea, A. Lahiri. The Precious Bane [J], Journal of Economic Dynamics and Control, 1999 (23): 159 – 176.

② T. Gylfason. Natural Resources, Education and Economic Development [J], European Economic Review, 2001 (45): 4 – 6.

③ E. Papyrakis, R. Gerlagh. Resource Abundance and Economic Growth in the United States [J] European Economic Review, 2007, 51 (4): 21 – 27.

④ T. Gylfason, G. Zoega. Natural Resources and Economic Growth: The Role of Investment [Z]. Central Bank of Chile Working Paper No1142, 2002.

⑤ E. Papyrakis, R. Gerlagh. Resource Windfalls, Investment, and Long—term Income [J]. Resources Policy. 2006, 31 (2): 57 – 62.

创新以及科技创新等。萨克斯和沃纳（2001）研究发现，如果自然资源部门的收益远高于其他国民生产部门，生产要素就都会流向回报率更高的行业，那么潜在的创新者和企业家也会被吸引到自然资源开发部门，丰裕的自然资源便会对创新活动产生"挤出效应"①。帕皮拉基斯和格拉夫（2005）利用美国 49 个州的州级数据对"资源诅咒"的传导机制进行了分析，发现丰裕的自然资源会对创新产生"挤出效应"②。

4. 政治制度"诅咒"

丰裕自然资源的政治制度诅咒，其实也包含了两个意思：一是自然资源丰裕容易产生腐败、寻租等行为，弱化了制度质量，从而阻碍经济发展；二是丰裕的自然资源所带来的高额收益会成为人们争夺的焦点，容易引发政党冲突或者战争，当一国陷入激烈的党派之争甚至是战争之中时，经济发展将无从谈起。许多国家的历史发展表明，丰裕的自然资源所带来的短期高额回报，通常是武装团体争夺的对象，自然资源丰裕国家爆发战争的概率会高于自然资源匮乏的国家，因此，丰裕的自然资源成为经济社会发展的"诅咒"③。从自然资源丰裕与民主发展的关系看，自然资源丰裕会导致政客们通过过度开采资源获得巨额收益来实现自己的政治野心，从而破坏民主体制，使国家政治经济不稳定因素升级，对国家政治经济的稳定性产生影响，"资源诅咒"开始出现④。

众多学者研究表明，丰裕的自然资源不仅破坏政治体制和政治稳定，也会腐蚀经济制度，具体表现在丰裕的自然资源会引发更多的腐败及寻租行为上，从而对经济增长的长期驱动因素产生伤害，"资源诅咒"也由此产生。人都有趋向利

① J. D. Sachs, A. M. Warner. Natural Resource and Economic Development: The Curse of Natural Resources [J]. European Economic Review, 2001, 45 (4/6): 19 – 29.

② E. Papyrakis, R. Gerlagh, Natural Resources, Innovation, and Growth [Z]. Dynamics, Economic Growth and International Trade (DEGIT) in its Series DEGIT Conference Papers with Number, 2005: 37 – 42.

③ P. Collier, A. Hoeffler, Greed and Grievance in Civil War [J]. Oxford Economic Papers, 2004, 56 (4): 27 – 43.

④ M. L. Ross. Does Oil Hinder Democracy? [J]. World Politics, 2001, 53 (3): 121 – 134.

益的本能，丰裕的自然资源也会诱使企业家投入寻租活动中，由于生产活动获益低于自然资源开发，导致企业家放弃生产，使从事生产活动的人数降低，导致经济发展陷入停滞，这有点类似于"挤出效应"的机理（Torvik，2002）①。雷特和魏德曼（Leite and Weidmann，1999）通过研究发现，资本密集型的自然资源开发是自然资源丰裕地区腐败的主要成因②。艾舍姆等（Isham et al.，2005）研究发现，在点资源丰裕国家，尤其石油、矿产资源丰裕国家自然资源开发引起腐败的现象最为明显③。巴氏和霍德勒（Bhattacharyya and Hodle，2008）使用动态博弈模型进行了研究，论证了自然资源开发与寻租腐败相互作用的影响机制，但这一结论只有在制度质量水平较低，低于某一阈值时影响机制才会发生作用④。

第二节　国内有关经济发展与自然资源禀赋关系的研究

国内有关经济发展与自然资源禀赋关系的研究相较国外起步晚，研究的主要方面也沿用国外研究的思路，主要包括自然资源禀赋促进经济发展、自然资源禀赋阻碍经济发展以及在国内"资源诅咒"问题探讨中较为集中的传导机制的研究。

① J. A. Robinson, R. Torvik, T. Verdie. Political Foundations of the Resource curse [J]. Journal of Development Economics, 2002, 79 (2): 89 – 98.

② C. Leite, J. Weidmann. Does Mother Nature Corrupt ? Natural Resources, Corruption and Economic Growth [Z]. IMF Working Paper WP/ 99/ 85. 1999.

③ J. Isham, L. Pritchett, G. Busby. The Varieties of Resource Experience : Natural Resource Export Structures and the Political Economy of Economic Growth [J]. The World Bank Economic Review, 2005, 19 (2): 97 – 106.

④ S. Bhattacharyya, R. Hodle Natural Resources, Democracy and Corruption [Z]. Department of Economics, the University of Melbourne, Research Paper 2008 (11): 47.

一、国内自然资源禀赋与经济发展相关关系的研究

1. 正相关关系

经济发展阶段不同，经济重心也会不同，但经济重心的变化始终与自然资源密切相关。胡兆量（1987）提出，在各个时期，可以说经济重心都是围绕自然资源在发生改变，例如，在农业社会，经济重心落在肥沃的土地上；在工业生活，经济重心追逐矿产资源；后工业社会时代，经济的着眼点放在了良好的生活环境方面。可以说经济重心的迁移始终追随着其所关心和依赖的自然资源[①]。陈惠雄（2004）发现，区域经济发展重心的确定始终围绕着人类需求、自然资源和技术三者的协同进行。随着产业技术进步引起的自然资源贡献率的变化，主导性自然资源必将在不同经济时代发生动态更替，这种动态更替决定了经济重心的迁移方向。研究认为，自然资源对经济重心的决定性影响在农业社会和工业社会表现得较为明显，但其对经济重心的影响力会随着社会经济和科学技术的发展而呈现出逐渐降低的态势[②]。

关于中国国内"资源诅咒"的问题，不同的学者选用不同的指标，站在不同的研究角度，得出二者非负相关的结论。靖学青以 2004～2009 年中国各省区面板数据为样本，对"资源诅咒"假说进行了实证检验，揭示了一些近年来中国自然资源禀赋与经济增长相关关系的新特点，其中第一条结论为矿产资源开发与经济增长呈显著正相关关系[③]；丁菊红、邓可斌（2007）的研究表明，如果控制某些变量，如政府是否干预经济活动、距离海港距离远近等因素后，"资源诅

---

① 胡兆良. 自然资源结构与经济重心的地域迁移 [J]. 自然资源学报, 1987 (3): 15 – 22.

② 陈惠雄. 资源层次、经济重心与区域经济的多元合作发展 [J]. 中国工业经济, 2004 (8): 12 – 19.

③ 靖学青. 自然资源开发与中国经济增长——"资源诅咒"假说的反证 [J]. 经济问题, 2012 (3): 4 – 9.

咒"的命题在我国省级层面表现的并不明显，这进一步说明"资源诅咒"假设在我国各地区间成立与否还需要进一步进行理论研究和实证检验①。

2. 负相关关系

在我国关于自然资源禀赋与经济发展的负相关关系的研究依然集中于"资源诅咒"。我国学者对这一命题的研究从 2005 年才开始，比起国外学者的研究滞后十年左右。在我国学术界首次出现对"资源诅咒"的研究是在徐康宁、韩剑（2005）的论文《中国区域经济的"资源诅咒"效应：地区差距的另一种解释》中，这比奥蒂（1993）的研究晚了 12 年，与 S—W（Sachs and Warner, 1995）经典模型的提出相比也晚了 10 年。因此，与国际上丰富的"资源诅咒"假说研究成果相比，我国还处于探索阶段，能够达成共识的研究成果很少，论述多还局限于对理论的解释、对国际研究的综述和基本的相关性实证检验，对该理论的深入探索较少。

徐康宁等（2005②、2006③）通过对中国省级数据的分析，认为自然资源丰裕度与经济增长速度具有显著负相关关系，即资源丰裕度较高省份的经济增长速度要比资源丰裕度较低省份的经济增长度慢，丰裕的资源没有成为当地经济增长的动力，相反成为其经济增长的阻力，也即在中国省级数据的计量分析中，验证了"资源诅咒"现象。因此，在某种程度上资源丰裕度也就成为解释中国地区差异的一个因素，或者说"资源诅咒"是中国经济增长差异的一个重要原因。

徐康宁、韩剑（2005）首次在对国际文献进行回顾的基础上提出了我国省级层面的发展中在较长的周期内自然资源禀赋与经济增长间存在负相关性，即提出了"资源诅咒"假说，并且认为"资源诅咒"效应是我国各省区之间经济发展

① 丁菊红，邓可斌. 政府干预、自然资源与经济增长：基于中国地区层面的研究 [J]. 中国工业经济，2007（7）：56－64.

② 徐康宁，韩剑. 中国区域经济的"资源诅咒"效应：地区差距的另一种解释 [J]. 经济学家，2005（6）：96－102.

③ 徐康宁，邵军. 自然禀赋与经济增长：对"资源诅咒"命题的再检验 [J]. 世界经济，2006（11）：38－46.

差异的重要解释因素，但由于是首次研究，该文章并未建立完整的计量模型对二者关系进行分析，只是利用省级层面数据进行了简单的比较研究。为了弥补研究中的不足，徐康宁、王剑（2006）以我国 1995～2003 年省级面板数据为样本，对前期的假说进行了实证检验，其自然资源禀赋用采掘业部门的投入水平作为代理指标，得出"资源诅咒"假说在我国省级层面成立的结论，认为在我国的经济发展中，自然资源开采阻碍经济发展。

在此之后，许多学者都对这一命题进行了检验。

胡援成和肖德勇（2007）以 1999～2004 年我国各省、市、自治区面板数据为样本，检验了"资源诅咒"假说在我国的存在情况，其结果表明这一假说在该作者的研究期内成立[①]。

韩亚芬等（2007）学者研究得出，能源储量越丰富，资源开发强度越大的地区，经济增长速度和发展水平反而越低，得出了"富饶的贫苦"结论。该文章选用 1985～2004 年我国各省区能源资源生产与消耗和经济发展的数据为样本进行的实证研究[②]。

李天籽（2007）也同样是利用省级面板数据对我国省级层面"资源诅咒"假说存在与否进行检验，其所选面板数据时段长于胡援成和肖德勇（2007）的研究，采用 1989～2003 年 15 年间我国的省级面板数据，把自然资源丰裕度与我国各省区经济增长进行回归分析，证明了"资源诅咒"假说的存在性，并对自然资源对经济增长影响的传导路径进行了实证分析[③]。

张菲菲等（2007）以 1978～2004 年我国省级面板数据为样本，以水资源、能源资源、矿产资源、耕地资源以及森林资源为代表进行了实证检验，结果发现，我国省级层面不同种类自然资源在不同丰裕度下与地区经济发展相关性亦有

① 胡援成，肖德勇. 经济发展门槛与自然"资源诅咒"[J]. 管理世界，2007（4）：15-24.

② 韩亚芬等. 资源经济贡献与发展"诅咒"的互逆关系研究 [J]. 资源科学，2007（6）：188-193.

③ 李天籽. 自然资源丰裕度对中国地区经济增长的影响及其传导机制研究 [J]. 经济科学，2007（6）：66-76.

不同①。

邵帅和齐中英（2008）在其研究中得出了我国省级层面存在条件性的"资源诅咒"假说。该研究通过对 20 世纪 90 年代以来我国西部地区能源开发与经济发展的关系论证发现，西部地区能源开发与经济增长具有负相关性，能源会阻碍经济增长，"资源诅咒"假说成立。②

李志龙（2009）研究发现，我国西部地区自然资源开发会阻碍经济发展，二者为负相关关系，该研究基于 20 世纪 90 年代以来西部各省区的省级面板数据③。

刘长生等（2009）也以省级面板数据为样本进行回归实证检验，检验结果在研究期内自然资源对经济增长的阻碍作用是通过传导机制来体现的，这些传导机制包括挤出教育投资、物质投资、技术创新、弱化以法治水平和开放水平为代表的制度质量④。

段利民等（2009）的研究以 1990～2007 年我国省级面板数据为样本对"资源诅咒"假说在我国地区间是否出现进行了检验，结果显示，长期来看我国区域间存在"资源诅咒"，短期回归效果则不显著⑤。

二、国内关于自然资源禀赋对经济发展传导机制的研究

国内关于自然资源禀赋对经济发展传导机制的研究，主要集中在"资源诅咒"形成机理方面，因此本书在对自然资源与经济发展传导机制进行梳理时依然沿用这一研究思路，该类文献从两个层次对其进行了研究和探讨：一些学者概括了"资源诅咒"的传导机制，选择从不同的角度综合分析；另一些学者则从某

① 张菲菲，刘刚，沈镭．中国区域经济与资源丰度相关性研究［J］．中国人口·资源与环境，2007（4）：19-24．

② 邵帅，齐中英．西部地区的能源开发与经济增长［J］．经济研究，2008（4）：147-160．

③ 李志龙．"中国式资源诅咒"问题研究［D］．重庆：重庆大学，2009：45-47．

④ 刘长生，简玉峰，陈华．中国不同省份自然资源禀赋差异对经济增长的影响［J］．资源科学，2009（6）：1051-1060．

⑤ 段利民，杜跃平．自然资源禀赋与区域经济增长关系实证研究［J］．生产力研究，2009（24）：117-118．

些角度出发，以某一个或几个切入点来分析"资源诅咒"的传导。

1. 概括型传导机制的研究

概括分析"资源诅咒"传导机制的文献一般会基于跨国研究以及对我国地区间"资源诅咒"假说存在与否进行实证检验，然后借鉴跨国研究中对传导机制的分析思路，针对我国实际情况从多角度探索"资源诅咒"产生的原因。一般在跨国分析中涉及的传导机制包括"荷兰病"效应、自然资源价格波动、贸易条件恶化、"挤出效应"、由于自然资源争夺引起的战争、制度质量恶化、寻租与腐败、政治动荡等内容。

2. 针对某一特定传导变量的研究

对某一特定传导机制在我国省级层面引起的"资源诅咒"效应的研究集中在"挤出效应"和制度弱化效应两个方面。在具体的研究中，该类文献多采用经济学经典模型，通过运用合理的计量工具，从某一角度研究一类传导变量对"资源诅咒"理论的作用。

（1）"挤出效应"。国内在对"荷兰病"效应的研究中，大多从自然资源开发对多种要素禀赋挤出从而阻碍经济发展的角度进行研究。

张景华（2008）通过研究发现，自然资源开发在短期内会增加资源丰裕地区的收入，同时使当地人均收入得到增加，从而降低当地居民的工作动力和从事科技创新活动的动力，由此自然资源开发阻碍了科技创新，也阻碍了经济发展[①]。

鲁金萍等（2009）学者研究自然资源丰裕但经济欠发达的地区自然资源开发对经济发展的影响机理，以贵州省毕节地区作为典型案例。在对毕节地区1996～2005年10年的数据进行分析后发现，该地区自然资源开发对当地科技创新投入、教育投入产生负面影响，而科技创新与教育投入会促进经济发展，因此该文章结

① 张景华. 经济增长：自然资源是"福音"还是"诅咒"——基于自然资源作用机制的分析［J］. 社会科学研究，2008（6）：49－55.

果表明，自然资源开发会通过挤出教育投资阻碍经济发展[①]。

邵帅、齐中英（2009）两位学者在内生增长理论模型的基础之上建立了针对自然资源进行输出地区的四部门经济增长理论，通过理论模型的建立对"资源诅咒"的产生和传导机理进行了解释，该文章的结论为自然资源开发通过对技术创新的"挤出效应"阻碍经济发展[②]。

姜昕等（2009）学者对自然资源开发影响经济发展的传导路径的研究是从对消费的影响以及对物质资本投入的影响来进行的。通过研究发现，自然资源开发的巨大投入容易引起当地消费水平上升，降低储蓄率，而对自然资源开发投资容易挤出物质资本投入，由此对经济发展造成阻碍[③]。

（2）制度弱化效应。自然资源禀赋对经济发展影响传导机理的另一种解释来自制度经济学，众多学者从自然资源开发弱化制度质量，从而阻碍经济发展方面进行了论证。

王智辉（2008）从制度与经济增长的关系出发，搭建了包含自然资源禀赋、经济增长指标以及制度质量指标的理论体系，在理论上对三者的关系进行了分析，又通过实证的方法证明存在某一制度阈值，只有在系数化的制度质量低于阈值临界值后，"资源诅咒"假说才会成立，若某地区制度质量较高则不存在"资源诅咒"效应[④]。

汪戎、朱翠萍（2008）两位学者与上述王智辉的观点一致，也认为制度质量的好坏是"资源诅咒"假说是否成立的决定要素，即传导机制。当制度质量对于生产者有利时，丰裕的自然资源被用于本地区工业生产之中，增加工业产出，有利于经济发展；当制度质量不高，对于自然资源攫取者有利时，丰裕的自然资源只会被用于非生产性活动，会挤出对制造业、人力资本等有效促进经济发展要

① 鲁金萍，董德坤，谷树忠，常近时. 基于"荷兰病"效应的欠发达资源富集区"资源诅咒"现象识别——以贵州省毕节地区为例 [J]. 资源科学，2009（2）：272－278.

② 邵帅，齐中英. 资源输出型地区的技术创新与经济增长——对"资源诅咒"现象的解释 [J]. 管理科学学报，2009（12）：23－33.

③ 姜昕，冯宗宪，王青. 资源诅咒与经济增长 [J]. 贵州社会科学，2009（6）：87－93.

④ 王智辉. 俄罗斯资源依赖型经济的长期增长 [J]. 东北亚论坛，2008（1）：93－96.

素的投入，由此阻碍经济发展。因此，"资源诅咒"现象只会出现在制度质量低下或者制度缺失的地区①。

张景华（2008）学者利用各省区 1996~2005 年 10 年的面板数据对我国制度质量影响自然资源禀赋与经济发展关系的机制进行了实证研究。结论是自然资源禀赋弱化制度质量，影响了经济发展。

章翔（2009）通过实证研究证实了"资源诅咒"理论的形成机理，对形成机理总结如下：首先，自然资源开发对制造业、服务业等行业具有"挤出效应"；其次，自然资源越丰裕，既得利益者对落后的要素市场改革的诉求越低，致使要素回报不合理；最后，自然资源法律不健全，对资源使用的补偿体系不完善。

李志龙（2009）在省级面板实证检验的基础上得出我国省级层面存在"资源诅咒"效应的结论，究其根源是自然资源产权制度不明晰造成的。由于我国历史发展的特殊性，自然资源产权归国家所有，在国有企业改革、国退民进的大背景下，许多对自然资源开发的国有企业收缩，导致了我国省级层面"资源诅咒"现象的发生。

第三节　对己有文献的评述

一、变量指标的选取不能完全代表研究对象

通过以上对国内外自然资源禀赋与经济发展关系的研究我们发现，研究发展与自然资源关系时最常用的被解释变量是 GDP 增长率，但这一指标却不是最合

---

① 汪戎，朱翠萍. 资源与增长间关系的制度质量思考［J］. 清华大学学报（哲学与社会科学版），2008（1）：152－159.

适的产出变量，GDP增长率并不能完全说明经济发展情况。早期经济学研究的学者视经济增长为发展，在物质文明极不发达的时代，发展的第一要务即增长经济总量，当时GDP增长是简单而又合适的代理变量。而在最近的发展经济学研究中学者们对社会福利变动更加感兴趣。但是，在关于自然资源禀赋与经济发展的关系中许多实证研究由于指标选取的因素并没有反映出读者更感兴趣的产出变量，甚至也没有反映出作者自己研究的兴趣点所在。此外，GDP增长虽然可以反映经济运行状况的部分情形，却并不能够说明整个社会经济发展全貌的好指标。自然资源开发所引起的不仅仅是经济增长，更多的是对当地生态环境、居民收入、贫困分布、收入差距的影响。因此，如果只以GDP增长来衡量经济发展，"资源诅咒"研究及其政策含义就有很大的局限性。

二、研究结论完全不同

也有一些学者对产出变量进行了改进，用更丰富的指标来表示经济发展，但不同的研究者针对"资源诅咒"的存在情况、自然资源对经济发展的影响大小得出了千差万别的结论。国际研究中对经济发展代理指标的选择较为丰富，纽梅耶（Neumayer，2004）以GDP扣除资本折旧除以人口数所得的人均收入净增长作为经济发展的代理变量，研究发现自然资源禀赋对经济发展有阻碍作用，但作用不强；布尔特等（Bulte et al.，2005）以人类福利来代理经济增长，在研究中分别用贫困指数、人类发展指数、营养不良人口比重、预期寿命等指标描述人类福利，研究结果为自然资源开发影响人口福利的提高；欧特迦和格雷戈里奥（Ortega and Gregorio，2005）把人均收入的增长率作为经济发展的代理指标，结论为自然资源开发正向作用为人均收入增长，但阻碍经济增长；科利尔和赫默（Collier and Hoemer，2005）选择的产出变量为内战的数量，结论是自然资源禀赋对内战的产生有正面影响，自然资源越丰裕的地区，政局越不稳定；迪茨和纽梅耶（Dietz and Neumayer，2007）把真实储蓄率[①]作为经济发展的代理变量，探讨自然资源禀赋与真实储蓄率之间的关系，实证结果显示，自然资源禀赋影响真实储蓄率的提高。奥格雷恩（Ogunleye，2008）构造了复合的经济发展指标，其中包括制造业产出、农业产出、基础设施发展（发电量）、人均 GNP、家庭消费等指标，研究结果显示，石油资源开发与基础设施发展和家庭消费正相关，与农业产出、制造业产出和人均 GDP 负相关，研究时期不同，石油资源开发与经济发展的相关关系也不相同，二者关系具有不确定性。

综上不难看出，对自然资源禀赋与经济发展关系的研究虽然一直是经济学中的热点，但研究结论却南辕北辙，对于目前中国发展而言，自然资源禀赋究竟对以更为全面的指标衡量的经济发展产生怎样的影响是本书力求解决的问题。

三、基于国际数据的传导机制在我国国内的适用性有待验证

由前文对国内外文献的梳理可以看出，自然资源禀赋对经济发展的影响包括两方面：首先，自然资源作为一种生产要素，在经济发展过程中，丰裕的自然资源可以直接带来经济效益，对当地经济发展具有直接的正向作用。其次，自然资源在开发的过程中又有一定的外部性，对经济发展通过一定的传导变量产生间接影响。以上两方面主要体现在经济上的"挤出效应"和"制度弱化效应"，"挤出效应"具体表现在自然资源丰裕地区的资源开发对人力资本投资、制造业水平、物质资本投资、技术创新水平和对外开放程度等产生挤出作用；"制度弱化效应"是指由于产权不明晰、制度不健全、法律不完善等原因造成的自然资源的不合理开发与利用，并且由此导致的贫富差距加大、生态环境恶化以及寻租腐败等问题的发生，而这些问题的出现，显然不利于我国自然资源丰裕地区经济的长期稳定增长和可持续发展。

[①] 真实储蓄（Genuine saving）是度量可持续发展能力的指标，如果真实储蓄率小于 0，则表示发展不可持续，世界银行从 2004 年开始计算 150 多个国家从 1970 年至今的真实储蓄。

对国内外现有研究文献进行整理我们发现，在国外的研究中，学者们多是基于国家样本，结论针对国家之间进行比较，针对一国内各地区研究的数量不多，只有针对美国国内各地区进行过比较研究；而国内研究则以我国省级层面的实证研究为主，许多学者认同自然资源禀赋与我国各地区经济增长之间总体上呈负相关关系，对自然资源禀赋影响经济发展的判断较为模糊。对自然资源禀赋影响经济发展的传导机制是否与国际间的结论完全一致也没有明确的结论。

　　对以上梳理的关于自然资源禀赋与经济发展相互关系的研究，本书选取自然资源开发为自然资源禀赋的代理指标，以民生与发展指数为经济发展的代理指标，重新考察自然资源与经济发展的关系，并按照国外关于自然资源禀赋对经济发展影响传导机制的思路检验我国自然资源对经济发展影响的传导机制。

第 三 章

理论基础

第一节 自然资源禀赋与经济发展的传统理论

自然资源作为人类赖以生存不可或缺的生产要素，在经济发展中具有其他要素无法取代的作用。自工业革命开始，自然资源开发部门就是工业化进程的重要部门，也是实现一国资本积累的最基本途径。经济发展首先需要资本的积累、人均收入水平的持续上升、合理的经济结构，同时也伴随着贫困减少、生产多样化、贫富差距缩小、生态环境的改善，等等。自然资源禀赋与经济增长的关系一直以来都是经济学家关注的焦点之一，大多数经济学家认为，自然资源禀赋作为物质基础，促进了经济发展，但也有许多学者基于"资源诅咒"假说的结论认为，自然资源禀赋阻碍了经济发展。本章首先对自然资源、自然资源禀赋及经济发展的概念进行定义，由于在研究经济发展过程中多数学者仍以经济增长来表示经济发展，因此在本章关于理论基础的阐述中将对本书所研究的自然资源禀赋与经济发展相关关系的理论进行分析。

一、自然资源和自然资源禀赋

1. 自然资源的定义

地理学家金梅曼（Zimmermann，1951）为自然资源下的较完备的定义是他在《世界资源与产业》一书中提出的，该著作对自然资源描述为无论是环境或环境中的一部分，只要它可以满足人类的需求，便是自然资源。金梅曼的这一定义较为主观，但它强调了自然资源的功能性。

《中国资源科学百科全书》指出，自然资源是人类可以利用的、自然生成的物质与能量。它是人类生存与发展的物质基础[①]。

按照本书的研究目的，我们定义自然资源为人类能够利用一定的技术条件，从自然界中获取的一切物质及能量，并能够为人类所用，以促进人类社会生存以及经济发展。本书的这一定义关注自然资源的经济学含义，侧重从经济活动的要素禀赋角度来界定。

2. 自然资源的特点

基于本书的研究目的以及经济活动的考量，其所研究的自然资源应具有以下显著的特征：稀缺性，指自然资源在数量上的有限性，并非用之不竭，获得自然资源需要付出成本；不可替代性，自然资源是人类生活以及经济发展的基础，以目前的科技水平难以找到替代物；区域性，指自然资源在地域分布上的不均匀，在数量和质量上均呈现出显著的地域差异。

3. 自然资源禀赋

禀赋是人天生所具备的素质或天赋，在运用到自然资源中时，表明自然资源

① 孙鸿烈. 中国资源科学百科全书（第1版）[M]. 北京：中国大百科全书出版社，2000.

先天生产的素质状况。自然资源禀赋是指某一地区自然资源的状况与分布，是对某国家或地区蕴含的自然资源的综合评价。自然资源禀赋源于漫长的历史过程，是一种客观存在，但如今我们对自然资源禀赋的描述更多地取决于人类自身的认识和需求。因此，本书具体定义的自然资源禀赋是指基于社会经济发展，对某一国家或地区所蕴含的自然资源素质状况、分布所做的综合评价，是对自然资源基于数量评价、质量评价、种类评价、结构评价的总体而形成。

二、经济发展理论

经济学家研究发展时采用了不同的方法，表3－1总结了关于学者们研究经济增长和经济发展的主要方法。古典经济学家对经济长期增长的态度相对较为悲观，他们认为大多数国家的发展将会停止，但事实上，西方经济学家忽视了20世纪早期的经济长期增长现象。

表3－1 研究发展的方法

方法	作者/日期	描述
古典主义	Adam Smith, David Ricardo, Thomas Malthus, Karl Marx（1776~1865）	该观点大体认为，由于自然资源的稀缺性或不可避免的工人贫困化，经济增长是自我限制的
二元主义	J. H. Boeke（1953）	发展经济学包括传统的农业部门和现代的城市部门
阶段论	Wslt W. Rostow（1959）	发展的过程大抵如此，即从经济活动具有相似性的传统社会阶段，到当社会变革导致更大的投资和储蓄时的经济起飞时期
依存性	Andre Gunder Frank（1967）	富国来的大公司控制了穷国的发展类型，导致除国外投资者支持的部门外，其他部门得不到发展
哈罗德—多马增长模型	Rou Harrod, Evsey Domar（1939, 1947）	从边际储蓄倾向和增长资本产出比率（ICOR）的关系计算出"刀刃"增长率的一个数学模型
新古典增长理论	Robert Solow（1956）	高增长率或许可以通过技术进步获得，而这超出了该模型的范围

续表

方法	作者/日期	描述
新增长理论	Paul Romer（1986）	延续了新古典模型，但把技术变革看作模型内经济力量的产物。因此，鼓励经济变革的能力成为促进增长的一个重要因素
临界最小努力	Harvey Leibenstein（1957）	发展需要一个大的推动力——例如，新技术和国外投资——来克服社会的惰性
劳动剩余模型	W. Arthur Lewis（1954）	早期的发展是这样进行的：把工人从传统的农业部门——该部门工人的边际产品低于其工资——转移到现代工业部门。他们在该部门创造利润，而积累的利润用于投资
大推进	Paul N. Rosenstein Rodan（1943）	在初始时期，由于缺乏一个统一的全国市场，工业化需要一个大的推动力来创造一组补充性工业
均衡增长 VS 非均衡增长	Ragnar Nurkse, Albert O. Hirschman（1958）	均衡增长提倡大力推动所有部门的发展；非均衡增长认为应集中力量推动少量部门的发展，之后那些部门就可以创造联系并鼓励其他部门的发展
新自由主义	World Bank, International Monetary Fund（late 1980sg）	应限制政府在市场创建中的作用。在这一条件下，通过内部以及外部的市场推动，一国就能得以最好的发展

资料来源：斯图亚特.R.林恩.发展经济学（第一版）[M].上海：格致出版社.2009.

"二战"之后，随着殖民主义的终结，许多经济学家把发展中国家的问题提上了议事日程，各种发展方法陆续涌现，包括罗斯托的阶段论和二元主义阶段论。由于文化和政治方面的许多复杂原因，发展中国家经济进步的前景是不确定的，但经济学家概括了从传统社会转变为现代社会的要求。诸如依存理论等马克思主义取向的理论，把穷国的状况归咎于富国，并建议发展中国家打破现行的世界体系。

在尝试解释经济增长和发展的过程中，经济学家构建出关键变量的许多模型。增长模型相对简单，却能使我们重点关注并讨论如投资和技术等重要变量。

新古典模型认为，如果资本从富国流向穷国，经济就会趋同，但它们将趋向于各自不同的稳定状态，具体水平取决于社会变革和政府政策。内生增长模型指出，技术变革是增长的关键因素，而社会对创新需要持有开放的态度。

发展模型将注意力集中于发展过程的具体特征，并把投资和技术这些更一般的问题放在尚未完全进入现代阶段或发达阶段的国家中去考虑。刘易斯提出了把劳动力从农村地区转移至工业部门的模型，其他理论有政府财政支持的大推进理论以及为实现快速工业化而实行的非均衡增长理论。现代模型更多地在经济发展背景下进行分析，新自由主义者与政府积极干预论者也对大多数发展政策问题持有不同意见。

所有模型都有值得我们学习的地方。从早期的社会变革观点到最抽象的数学处理方法，都是针对发展过程的部分重要变量而构建的。然而这些只是开端，我们必须进一步考察这些变量，看它们如何应用于不同的情况以及如何在具体情况中得出政策结论。

然而，一个主要的缺点是经济模型只涉及经济变量，在理解政治和社会制度对经济成果的影响上，它们无能为力。尽管它们能够指明方针，但政府公共机构为什么用这些资源而不用那些资源却只字未提。许多观察家、经济学家以及学者都认为，一国成果主要取决于该国的政治、经济以及社会制度如何在相互影响中使用各种资源和技术。

本书所做研究的也是基于以上思路，力求通过运用经济学模型，使用计量方法观察对我国各省级地区而言自然资源禀赋是如何影响经济发展的。

三、自然资源禀赋对经济发展的正效应

在主流经济学的研究中，经济增长模型一般并不涵盖自然资源禀赋，虽然按照主流经济学模型理论的解释，资本、劳动力、制度、技术等因素能够解释各国经济发展差异的大部分原因，但自然资源禀赋对经济发展也有影响作用这一命题也被学术界广泛接受。

1. 自然资源禀赋制约经济发展

一个国家或地区的经济增长会受自然资源丰裕程度和资源品质的限制。人类社会的发展也一直没有离开自然资源禀赋的支持。自农业时代开始，土地、水资源、自然生长的许多作物使人类得以繁衍、生存和进化，这一时期应该说人类社会的发展完全依赖于自然资源。随着社会发展变革进入工业社会后，人类对自然资源需求的重心发生了转移，土地、水资源、自然作物不再作为经济发展的直接推动力，但取而代之的能源资源依旧在经济发展中占有举足轻重的作用。在这一时期，经济发展的主要特征表现为产业结构的变动，其也正是对自然资源开发深度和广度发展的过程，因此对自然资源的深度开发成为这一时期的经济发展基础。随着社会的进一步发展，我们正在向信息社会迈进，信息社会时代，商业、服务业、技术密集型产业将会成为社会发展的主要推动力。这看似经济发展可以摆脱自然资源的约束，但自然资源对经济发展的制约依然存在，若自然资源质量恶化，人类赖以生存的环境和基本需求（空气、水资源）质量变差，同样会阻碍经济发展、社会发展，甚至威胁人类生存。由此可以看出，虽然在人类社会发展的每个阶段自然资源对经济发展的作用不同，但自然资源禀赋不论在哪个阶段都对经济发展有着直接的制约作用。

2. 自然资源禀赋为经济发展提供基本条件

工业化国家的发展一直依赖于能源使用强度的增加。事实上，直到20世纪70年代的能源危机爆发时，经济学家还常把人均能源使用量的增加作为发展的指示器。尽管过去20年间自然资源使用成本降低了，但更有效地使用能源和降低单位产值的自然资源使用量依然是许多国家的目标政策，这足以说明自然资源在国家发展中的重要地位。丰裕的自然资源是经济增长稳定的物质基础，一个国家或地区若想实现平稳、持续的发展没有自然资源是不可想象的，自然资源的严重短缺会制约经济增长进而阻碍发展，甚至会对整个社会系统产生影响。

人类社会的发展，不论是原始社会、封建社会还是当代的工业社会，自然资源是一切生产的基础，没有自然资源，社会无从谈起，经济无从谈起，经济发展更是无从谈起。正是由于对自然资源的深入开发和利用才带来了今天工业化的迅猛发展。当今社会，经济增长的要素有许多，包括物质资本的投入、人力资本的投入、科学技术的开发、企业家才能的应用等，但大家都不能否认的是自然资源依然是经济发展的基础。

世界银行在 1995 年对全球国家财富进行评估时，没有沿用之前各国常用的代表财富的指标——国内生产总值，而是以产出资本、社会资本、自然资本、人力资本四方面综合衡量一个国家的财富状况，在这次评估中，澳大利亚和加拿大的人均财富值分列第一位和第二位，这两个国家的财富比例中，自然资本分别占 71% 和 69%，可见自然资源的丰裕程度对一国的经济发展以及民众财富都有非常明显的作用。

3. 丰裕的自然资源会促进社会劳动生产率的提高

自然资源禀赋对经济发展的影响在社会发展的早期就已经被人们所认知，早期社会人类生存活动对自然资源的依赖性非常强，随着社会发展生产力的提高，人力开发自然资源、支配自然资源的能力越来越强，但人类这种对自然资源支配力的增强也正是源于自然资源。劳动生产率是某一国家或地区在生产单位产品时所消耗的资源数量，或者在单位时间内生产产品的数量，劳动生产率是衡量经济发展的一个基础指标。发展经济学家刘易斯曾指出，在其他生产要素相同的条件下，人民利用丰富的资源比利用贫瘠的资源会有更好的效果。这其中隐含的意义表明，在其他条件一致的情况下，自然资源丰裕的地区，其劳动生产率会更高，对经济的发展更为有利。在现代社会自然资源促进劳动生产率提升主要来源于能源资源，能源资源是现代社会工业化的动力，能源越发达的地区，人们用于进行工业化生产的动力越充足，劳动生产率越高。当然，这其中隐含的问题是本地所拥有的自然资源禀赋要用于本地生产使用。工业生产中的原材料几乎都是来自自然资源，因此，可以说自然资源是经济发展的天然之源。

第二节 "资源诅咒"理论

前文分析了自然资源禀赋与经济发展正向相关的理论基础，在社会生活和生产中，自然资源禀赋作为物质基础，起到了非常重要的作用。但是，随着"资源诅咒"理论的提出，也有许多学者开始质疑自然资源禀赋在经济发展中的作用，通过一系列研究来阐述自然资源阻碍经济发展的理论。

"荷兰病"理论是解释"资源诅咒"假说最为常见和经典的理论，该理论由荷兰经济活动的实证现象得名，其基础模型则是 1982 年由科登和内亚里（Corden and Neary）两位学者给出。

"荷兰病"理论模型中把一国经济分为可以贸易的自然资源部门、可以贸易的制造业部门和不可贸易的部门三部分，不可贸易部门中包括国内的零售业、服务业、建筑业等。该理论首先假设一国经济在起始状态时就业充分，当该国境内突然发现大量自然资源，并可以通过简单开采销售获得巨额收益时，国内的劳动力要素和资本要素都流动到报酬率更高的自然资源开发部门，本国制造业和不可贸易部门为维持发展只能以更高的价格吸引人力及资本要素，制造业部门会因此而增加人工、原材料成本，使制造业产品竞争力减弱。另外，大量自然资源开发会导致本国经济的暂时繁荣，带来外汇收入的大幅增加，使本国货币在国际市场升值，进一步削弱本国制造业产品在国际市场的竞争力。上述现象学者们称为"资源转移效应"。可贸易的制造业境况如此，不可贸易部门也是一样，因此国内的服务业、零售业等行业也受到打击，竞争力减弱。

影响还不止于此，国内通过自然资源销售带来的收益增加势必会引起对国内的制造业、服务业产品需求的增加，对于不可贸易部门，影响不会太剧烈，由于该部门商品的不可贸易性，需求增加会造成产品价格上涨，因此通过一段时间的发展，该国的不可贸易部门又会重新繁荣，自然资源开发收益的部分成果转入不可贸易部门，这一现象被称为"资源支出效应"。真正受到打击的是本国的可贸易制造业部门，当本国制造业产品价格上升时，国外的同类产品具有竞争优势，由于产品的可贸易性，国外产品会通过贸易进入本国，挤出本国制造业产品，使本国制造业受到致命打击，逐渐衰退。一国经济的持续发展依靠的是企业家才能、科技创新等要素，而这些要素正是在制造业中逐渐培育的，由于自然资源开发部门一般不需要太高的科技水平与企业家才能。因此制造业的衰退也打击了本国工业进程中的支柱要素，最终会导致国家高端创新人才流失，当自然资源开采部门逐渐衰落（资源耗竭、替代产品出现或国际价格下跌）时，促进经济发展根本的制造业也被迫衰退，使本国经济陷入停滞或倒退的困境中。

在科登和内亚里"荷兰病"模型的基础之上，1995 年萨克斯和沃纳正式建立"荷兰病"模型描述自然资源开发与经济发展的关系。

该模型在内生增长理论框架之下进行分析，首先假设人的一生包括两个阶段：工作阶段以及退休阶段，工作阶段取得工资。社会产品供给依然沿用 C—N 模型的假设，认为社会中包括三个部门：可贸易的自然资源生产部门（R）、可贸易的制造业生产部门（M）以及不可贸易部门（N）。初始假设自然资源生产部门在一定时期内产出不变，产品在国际市场中按市场价格销售，假设该部门不需要资本和人力资源禀赋。给定不可贸易部门和可贸易的制造业部门生产函数如下：

$$X^m = F(L^m, K^m)$$
$$X^f = M(L^f, K^f) \tag{3-1}$$

设人力资本要素为 H，这里假设人力资本要素的积累是通过可贸易的制造业部门中的积累来实现的，但人力资本要素的积累对所有部门劳动效率的提升都有效。劳动力 L 以 θ 和 $1-\theta$ 的比例分配于可贸易部门和不可贸易部门，设生产函数具有同质性，函数（3-1）可写为以下形式：

$$x^m = g(k^m)$$
$$x^n = f(k^n) \tag{3-2}$$

P^n 是不可贸易部门产品价格与可贸易的制造业部门产品价格的比值，假定市场为完全竞争市场，利润为 0，可完全自由出入。设定 r 为国际率，ω 为工资率。

需求函数中，c 代表消费，效用函数为：

$$Max \ U = [\ln(c_t^m) + \beta\ln(c_t^n)] + \delta[\ln(c_{t+1}^m) + \beta\ln(c_{t+1}^n)] \qquad (3-3)$$

约束条件为：

$$s.t. \ c_t^m + P_t^n c_t^n + \frac{1}{1+r}(c_{t+1}^m + P_{t+1}^n c_{t+1}^n) = W_t + R_t \qquad (3-4)$$

上述模型在约束条件下求解，结果为：

$$c_t^n = \frac{1}{P_t^n(1+\beta)(1+\delta)}\left[W_t + R_t + \frac{\delta(1+r_{t-1})}{1+\theta_{t-1}}(W_{t-1} + R_{t-1})\right] \qquad (3-5)$$

假设非贸易部门供给与需求相等，即 $c_t^n = f(k^n)(1-\theta_t)$，构建国内生产总值函数，得：

$$GDP = R + H(\omega + r)[k^n + \theta(k^m - k^n)] \qquad (3-6)$$

通过以上推导我们能够得到两个结论：首先在人的工作期自然资源禀赋产量突然提高会影响不可贸易部门的国内生产总值，但具体的影响情况视两部门 θ 而定，R 在人的工作期增大，毫无疑问会增加当期国内生产总值，但对退休期的影响则变得十分微妙。如果在工作期内自然资源开发部门非常繁荣，一个人在工作时期积累的财富便会比较高，相应地，他的消费也会提高，对不可贸易部门的需求便会提高，这会促进不可贸易部门的发展，不可贸易部门从可贸易的制造业部门吸引更多的劳动力加入，可贸易的制造业部门的 θ 降低，从式（3-6）观察，国内生产总值的变化取决可贸易制造业部门和不可贸易部门 θ 的比例，若 θ <0.5，则不可贸易部门劳动力增加带来的国内生产总值增加将大于可贸易制造业部门由于劳动力减少而引起的损失。

工作期自然资源开发的增加会提高国内生产总值的初始水平，但如果国内生产总值增速变缓，最终将会引起自然资源丰裕地区的国内生产总值低于自然资源匮乏地区。

自然资源丰裕地区与匮乏地区的经济增长路径如图 3-1 所示。

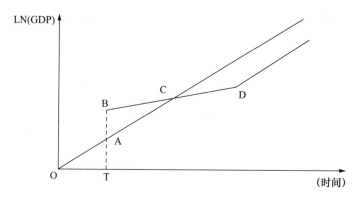

图 3 – 1   自然资源丰裕地区与匮乏地区的经济增长路径

通过图 3 – 1 的增长路径可以看到，假设一开始没有发现大规模自然资源禀赋，资源丰裕地区与匮乏地区的经济增长都是 OA 段，完全一致，在 T 时刻自然资源丰裕国家发现了大量资源并加以开发，则丰裕地区的经济水平由 A 点飞跃到B 点，经济增长超过资源匮乏地区，但随着自然资源开发的繁荣，经济增长水平会降低，丰裕地区的经济增长沿着 BD 路径向前，C 点为交汇点，两类地区经济水平一致，之后丰裕地区的增长会落后于匮乏地区，一直到 D 点，在自然资源繁荣结束后，两类地区重新回到相同的增长率上，但可以看到自然资源丰裕地区的国内生产总值水平会长期低于资源匮乏地区。

第 四 章

自然资源禀赋与经济
发展的实证研究

学者们对经济增长与自然资源禀赋关系的研究较广泛，但对经济发展与自然资源禀赋相关关系的内容涉及相对较少，对于我国而言尤其如此。本章以我国省级面板数据为研究对象，利用实证研究的方法探讨我国自然资源禀赋对经济发展的影响，并且将其与自然资源禀赋对经济增长的影响进行对比，考察自然资源禀赋对二者影响的变化。本章将首先介绍检验自然资源禀赋与经济发展关系的计量模型；其次说明变量选择的依据；最后在实证研究中，先对自然资源开发与经济发展的相关关系进行实证分析，又对自然资源开发与经济增长的相关关系进行实证研究，之后对比自然资源开发对经济发展、经济增长产生的不同影响。

第一节　模型设置

有关自然资源禀赋与经济增长关系的研究由来已久，并且数量众多，其中大家在实证研究上基本都以萨克斯和沃纳（1995）所建立的有关经济增长与自然资源关系的实证模型为基础和参照，只是不断完善其中的因变量、自变量与控制变量，以此来观测自然资源对经济增长的影响。在国际研究中本书研究的自然资源禀赋与经济发展间的关系比对自然资源与经济增长的研究数量较少，但也有部分学者进行了相应研究，本书参照布尔特等（Bulte et al.，2005）使用人类福利研究资源开发的影响时所采用的模型，同时参考萨克斯和沃纳（1995）的回归模型，将本书的基本数理模型设置为：

$$Y_{t-1}^i = \alpha_0 + \alpha_1 \times 2000GDP_0^i/cap + \alpha_2 \times NR_t^i + \alpha_3 \times Z_t^i + \varepsilon^i \qquad (4-1)$$

其中，Y_{t-1}^i 表示经济发展衡量指标，本书以各地区发展与民生指数（DLI）作为衡量指标，由于经济发展有可能影响自然资源开发的强度，为避免内生性，本书用滞后一期的因变量进行回归；$2000GDP_0^i/cap$ 表示各省初始的人均国内生产总值，以 2000 年人均国内生产总值计；NR_t^i 表示各省自然资源禀赋，Z_t^i 表示各省其他控制变量，具体衡量指标在变量选取中将做进一步解释。本书通过对参数 α_2 的求解来明晰自然资源禀赋对经济发展产生的影响。

第二节　变量选取

一、产出变量

本书的产出变量为经济发展，但如何衡量经济发展在经济学界一直都在探索。早期的经济发展多以经济增长来衡量，最简单的代理变量为 GDP，随后人们以经济增长速度来衡量经济发展，即增速越快发展越好。但经济的增长并不等同于居民福利的增长，更不能全面衡量经济发展，因此在发展经济学的脉络中逐渐出现了许多替代代理指标，如人均收入、人类发展指数、贫困指数、预期寿命等，以此来衡量经济发展①，这其中在国际上得到认可的是以人类发展指数来代理经济发展水平。人类发展指数（HDI）是由联合国倡导并发起采用的对一个国家或地区人类发展成就的总体衡量指标，指数由三个方面组成，包含了人类发展中经济增长、居民生活和受教育水平，其中经济增长状况用人均 GDP（PPP 美元）来表示；居民生活水平用出生时预期寿命来表示；受教育水平用成人识字率（占 2/3 的权重）以及大、中、小学综合毛入学率（占 1/3 的权重）来表示。人类发展指数的计算是先对上述三个方面进行无量纲化处理，分别计算三个分指标指数，然后进行简单平均化处理得到，即 HDI = 1/3（预期寿命指数）+1/3（教育指数）+1/3（GDP 指数）。

由于我国并不对人类发展指数进行专门的统计计算，这一指数所需的统计量在我国统计体系中缺失较为严重，故本书采用国家统计局公布的各省发展与民生指数作为经济发展的代理指标。

发展与民生指数评价指标体系包括经济发展、民生改善、社会发展、生态建设、科技创新五个方面，共 41 项指标（见附表 1 - 1）。笔者认为，发展与民生指数相较于人类发展指数更贴近我国现实国情，对经济发展的衡量也更为全面，五个方面的指标各自按照在经济发展中的作用进行加权相加也更为科学。根据每项评价指标的上、下限阈值对其进行无量纲化处理，计算各分项评价指标的指数，再根据指标权重合成分类指数和总指数。经计算所得各省 2000～2013 年发展与民生评价指标数值如表 4 - 1 所示。

表 4 - 1 2000～2013 年各地区发展与民生指数 单位:%

年份 地区	2000	2001	2002	2003	2004	2005	2006	2007	2008	2009	2010	2011	2012	2013
北京市	64.08	66.37	68.16	69.51	73.52	75.59	78.20	81.35	82.85	84.90	85.33	87.64	90.18	90.57
天津市	53.11	56.12	58.92	59.85	61.52	63.05	65.90	68.11	69.95	72.83	74.90	76.74	78.65	79.74

① Erwin H., Bult, Ricard Damania. Resource Intensity, Institutions, and Development [J]. World Development, 2005, 33 (7): 1029 - 1044.

续表

年份 地区	2000	2001	2002	2003	2004	2005	2006	2007	2008	2009	2010	2011	2012	2013
河北省	38.14	39.47	40.88	41.86	42.66	44.78	46.62	48.68	50.58	53.37	56.60	58.79	60.27	61.08
上海市	62.01	63.39	63.75	66.78	68.58	70.34	72.64	75.76	76.46	79.12	82.49	84.24	85.53	86.44
江苏省	46.25	48.01	49.80	52.17	54.85	56.08	58.46	61.65	63.97	68.01	70.95	74.11	77.02	77.98
浙江省	49.07	50.54	51.86	53.70	54.94	58.10	60.90	63.16	65.00	67.69	70.96	72.56	75.43	77.80
福建省	45.80	47.33	48.86	50.31	51.47	52.58	54.27	56.77	59.71	61.99	63.73	66.43	68.54	70.86
山东省	41.76	42.86	44.82	46.60	47.47	49.32	52.39	55.19	57.05	59.72	61.71	63.92	65.67	67.79
广东省	50.54	52.43	54.50	54.82	56.31	57.28	59.45	62.03	63.85	66.21	68.75	70.64	72.85	74.79
海南省	40.55	41.71	42.88	43.25	43.97	44.93	46.70	48.91	49.78	52.85	55.54	58.63	61.44	62.40
山西省	34.31	35.71	38.36	38.87	39.52	41.44	44.67	47.62	48.46	52.24	54.54	56.57	59.77	61.54
安徽省	36.13	37.14	37.99	38.49	40.48	41.18	43.42	46.31	49.08	52.24	54.60	57.89	61.23	63.62
江西省	35.80	37.41	39.52	40.98	42.25	44.83	46.13	49.56	52.13	54.62	56.63	58.70	60.46	62.07
河南省	35.85	37.54	38.64	40.26	41.30	42.70	44.76	47.46	49.03	51.58	53.76	56.72	59.04	60.91
湖北省	40.35	41.20	42.71	43.53	44.37	45.97	48.41	51.18	52.67	55.75	58.08	60.02	62.41	63.98
湖南省	37.89	40.32	40.45	41.23	42.38	44.60	46.23	49.03	50.97	53.72	56.36	58.69	60.88	62.42
内蒙古 自治区	35.78	36.64	37.73	38.73	40.36	43.15	45.38	50.21	49.67	52.39	54.69	56.85	59.14	59.64
广西壮族 自治区	34.83	36.51	38.30	39.15	40.01	42.42	43.86	46.34	47.64	51.09	52.93	54.33	57.55	59.48
重庆市	36.14	37.79	39.11	40.36	42.45	44.94	47.50	51.08	53.38	56.41	59.49	63.69	65.87	68.67
四川省	35.46	38.17	39.86	40.02	40.92	42.56	44.79	48.92	50.63	53.64	55.92	58.95	61.54	63.82
贵州省	28.66	29.55	31.01	31.97	33.23	36.29	37.24	40.17	41.19	44.40	47.93	51.21	54.07	55.83
云南省	35.42	33.79	34.99	36.25	37.15	38.79	39.58	42.96	44.69	47.77	50.13	52.95	56.20	57.59
西藏 自治区	30.09	32.10	33.72	34.94	36.39	35.80	38.82	39.88	40.94	43.40	46.32	47.85	50.65	52.54
陕西省	38.21	38.86	40.04	40.01	40.57	41.32	43.59	47.01	50.12	52.67	56.14	58.79	61.63	63.94
甘肃省	29.31	30.41	32.19	33.07	34.30	35.33	35.90	38.40	40.35	43.15	45.58	49.60	52.40	54.10
青海省	31.06	31.97	33.58	34.95	35.43	36.82	38.91	39.81	41.01	42.93	45.82	48.68	51.93	52.60
宁夏回族 自治区	31.37	32.29	34.33	35.41	36.86	37.89	40.09	43.28	44.90	46.68	49.92	50.80	53.88	55.75

续表

年份 地区	2000	2001	2002	2003	2004	2005	2006	2007	2008	2009	2010	2011	2012	2013
新疆维吾尔自治区	30.92	31.11	32.51	34.67	34.35	35.49	37.17	39.90	41.54	44.46	47.12	49.42	52.10	53.47
辽宁省	42.42	43.59	44.90	46.88	48.04	49.89	52.29	54.44	56.41	58.81	61.21	64.07	65.84	67.07
吉林省	40.18	41.78	43.18	44.46	45.83	45.85	47.66	50.67	52.59	55.01	57.21	58.77	60.28	61.54
黑龙江省	38.11	38.94	40.79	41.70	42.49	43.37	45.37	47.88	49.76	52.47	54.82	56.32	58.96	60.89

资料来源：国家统计局2000~2013年《民生与发展指数报告》。

由发展与民生指数评价指标体系可以看出，在衡量发展时民生改善所占的权重最大，为26%；社会发展所占比重次之，为21%；经济优化与生态建设具有同样重要的作用，所占权重均为20%；科技创新所占权重为13%，指数的权重确定、计算方法等见附录二。

二、自变量

本书关于自然资源禀赋（NR）的度量指标包括两个方面：一是衡量已开发资源对经济发展的影响，将使用自然资源开发（RD）这一指标，因为研究自然资源的根本目的是为了度量资源在经济发展中的重要性，即经济发展对已开发自然资源的依赖状况，如果自然资源开发占整个经济活动的比重过大可能挤出其他经济活动，所以本书最关注已开发的资源。二是考察自然资源蕴含量对经济发展的影响将使用自然资源储量（RR）这一指标。自然资源包含的种类十分繁杂，但就我国目前在经济生产中使用的主要资源来看，以能源为主，能源亦是相对较易查询得到数据的代表性自然资源指标，因此在本书的自然资源开发度量中，选取能源开发作为其代理变量，具体使用人均能源固定资产投资额来代理自然资源开发，计算以各省每年能源固定资产投资额除以年末常住人口数获得。

三、控制变量

根据文献综述和已有研究的检验结果，本书选取综合考虑对经济增长有明显影响的控制变量来检验其对经济发展的影响是否一致，根据区域研究的特点和我国的实际情况，本书不一定包括以往经典跨国研究中使用的所有控制变量，如在检验"荷兰病"代理指标时，需检验资源禀赋与本区域非贸易品价格的关系，但中国并不出版省级非贸易品价格指数，不能直接测度资源禀赋对非贸易品价格的影响，而且在同一国家内，各省非贸易品价格指数没有显著差异，因此在控制变量的选择中不考虑该因素。经过对以往文献综述的研究比较，本书所选取的控制变量包括人力资本存量、制度质量、物质资本投资、制造业发展状况、开放水平及科技创新水平。

人力资本的直接来源是教育，所以在人力资本投入的衡量中首先聚焦于教育。在前人的研究中采用过包括成人文盲率、净中学入学率、各个学历人口占总人口比重等指标。在发展经济学中提到人力资本存量比粗略的入学率更具有说明意义，因此本书剔除入学率作为代理指标，采用各省教育投入经费占 GDP 比重来衡量。当然这一指标也有其局限性，它并不能完美地衡量某地的教育水平，教育支出具有供给导向，但对于我们考察自然资源投入是否侵占教育投入而言，该指标却十分合适。

跨国研究中对制度质量主要是使用法制程度和政府竞争力来衡量，因此在跨国研究中衡量制度质量的代理指标一般包括法制、政治的稳定性、政府的效率以及腐败程度、产权和法治导向、经济自由度等。但在我国各省级区域之间，治理结构和法律制度几乎完全一致，衡量每个省级政府的政府竞争力又没有系统的指标，因此在本书无法使用传统方法检验制度质量对我国经济发展与自然资源禀赋关系影响的情况下，本书设计以企业家活动指数来作为衡量制度优劣的指标。常规认为，产权越明晰，私营主体在经济生活中所占比重越高，政府的制度质量越好。企业家活动指数以私营企业投资者就业人数及个体投资者就业人数除以地区年末常住人口数来计算。

本书引入制造业发展状况旨在检验"荷兰病"效应在我国省际层面是否存在，检验"荷兰病"最常用的方法是检测资源禀赋与制造业部门增长的联系，但在我国的统计资料中对中国制造业部门的数据缺少接续时间较长的系统统计，因此，本书选择各省工业增加值占 GDP 的比重来代理制造业发展情况。

物质资本投入选择各省的全社会固定资产投资占 GDP 的比率来表示；开放水平以各省进出口贸易额占 GDP 的比重来表示；科技创新水平本书选用了每万人专利技术申请量来作为代理变量。

自然资源开发与经济发展回归中各变量含义及代理指标如表 4 - 2 所示。

表 4 - 2　自然资源开发与经济发展回归中各变量含义及代理指标

符号	变量含义	代理指标
Y1	全国各省的经济发展状况（DLI）	发展与民生指数
X1	2000 年各省人均生产总值	2000GDP/cap
X21	自然资源开发（RD）	人均能源固定资产投资额 = 各省每年能源固定资产投资额/年末常住人口数
X3	人力资本存量（RC）	各省教育投入经费/各省 GDP
X4	制度变量（SY）	企业家活动指数 =（私营企业投资者就业人数 + 个体投资者就业人数）/地区年末常住人口数
X5	制造业发展状况（MI）	各省工业增加值/各省 GDP
X6	物质资本投入（MC）	各省的全社会固定资产投资/各省 GDP
X7	开放水平（OPE）	各省进出口贸易额/各省 GDP
X8	科技创新水平（ST）	每万人专利技术申请量 = 各省专利技术申请量/地区年末常住人口数×10000

资料来源：笔者整理编著。

第三节　自然资源开发与经济发展关系的实证检验

若单纯利用现有的时间序列数据进行实证研究，由于民生与发展指数是从 2000 年才开始公布的，历时较短，必定会因为样本限制导致结果出现一定的偏差。采用面板数据的实证研究，一方面能够解决样本不足的局限，提高模型估计的精准度；另一方面也能更好地分析变量之间所存在的经济关系，因此本书采用 2000～2013 年除西藏自治区及海南省（因数据缺失较为严重，影响回归结果，因此剔除）外中国大陆地区 29 个省、自治区、直辖市的面板数据为研究样本进行检验。在实证检验中首先对面板数据进行统计性描述，其次使用面板数据的单位根检验面板的平稳性，对面板数据进行协整检验，以求分别检验诸多因素是否对经济增长存在长期的均衡关系，最后选择合适的面板数据模型，利用广义最小二乘法（GLS）进行回归参数估计与检验，揭示变量之间的作用关系。

一、描述性统计

本书以我国 29 个省、市、自治区 14 年共计 406 个样本的面板数据为实证研究基础，使用 Eviews 7.0 进行描述性统计分析验证自然资源禀赋与经济发展之间的关系。表 4-3 给出了各变量的统计特征。

由各变量描述性统计特征可以看出，2000 年各省人均生产总值标准差为 6683.358，标准差越大说明样本值离散程度越高，因各省该指标在每个年份均相同，因此，只存在各省之间离散性较大的因素，说明 2000 年我国各省区人均生产总值差异较大。同样，Y1 各省 DLI 指数离散性也较大，X8 科技创新水平各省差异也较大。对自然资源开发与 DLI 进行简单回归，做散点图，如图 4-1 所示。

表 4 – 3　自然资源开发与经济发展的统计性描述

变量名	变量解释	均值	标准差	最大值	最小值	观测值
Y1	全国各省的经济发展状况（DLI）	50. 40854	12. 32522	90. 18	28. 66	377
X1	2000 年各省人均生产总值	9959. 662	6683. 358	39167. 14	2759	406
X21	自然资源开发（RD）	0. 13543	0. 154709	0. 933143	0. 009541	406
X3	人力资本存量（RC）	0. 389178	0. 138738	0. 896256	0. 147648	406
X4	制度变量（SY）	0. 056073	0. 023341	0. 145222	0. 015727	406
X5	制造业发展状况（MI）	0. 402819	0. 070794	0. 530361	0. 181374	406
X6	物质资本投入（MC）	0. 532998	0. 185701	1. 123767	0. 253577	406
X7	开放水平（OPE）	0. 327627	0. 412899	1. 71597	0. 035682	406
X8	科技创新水平（ST）	5. 693165	9. 454025	63. 54705	0. 230056	406

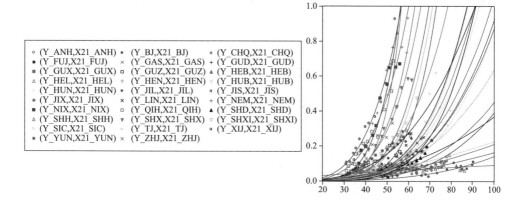

图 4 – 1　各省自然资源开发与经济发展相关关系

由图 4 – 1 可以看出，以自然资源开发与经济发展指数进行简单回归，各省回归结果均为正相关关系，即自然资源开发促进经济发展。二者的具体关系及加入控制变量后结果是否稳定将在下面做具体研究。

二、平稳性及协整检验

为了确保统计结果的可靠性，避免伪回归，首先要检验面板数据的平稳性，单位根检验是最普遍的方法。上述单位根检验全部选择截距和趋势项都含的回归方程，通过 Eviews 7.0 分析软件，对不同的变量选择不同的方程进行 LLC、Breitung、IPS、Fisher ADF 和 Fisher PP 检验，序列的检验结果如表 4-4 所示。不同检验方法得出的变量单位根检验结果是不相同的，一般情况下，主要看 LLC 的检验结果，从表 4-4 可以看出，所有变量 LLC 的 p 值都小于 0.01，因此可以拒绝原假设判定面板数据是平稳的，且不存在单位根。所以九个解释变量都是平稳的，即 I（0）。

表 4-4 自然资源开发与经济发展回归变量平稳性检验结果

检验方法	Y1	X1
LLC	-2.69349（0.0035）	-8.64168（0.0000）
Breitung	6.27350（1.0000）	2.66501（0.9962）
IPS	4.03749（1.0000）	0.00029（0.5001）
Fisher ADF	23.8212（1.0000）	50.7159（0.7403）
Fisher PP	49.5040（0.7788）	119.522（0.0000）
检验方法	X21	X3
LLC	-4.89858（0.0000）	-5.76247（0.0000）
Breitung	-0.3669（0.3568）	1.66650（0.9522）
IPS	-0.50526（0.3067）	-1.61243（0.0534）
Fish ADF	67.3501（0.2991）	81.5844（0.0484）
Fish PP	46.3606（0.9309）	84.6302（0.0297）
检验方法	X4	X5
LLC	-10.6041（0.0000）	-2.82283（0.0024）
Breitung	1.42288（0.9266）	2.27526（0.9886）
IPS	-5.35548（0.0000）	1.94800（0.9743）
Fish ADF	138.694（0.0000）	48.4879（0.8950）
Fish PP	166.038（0.0000）	49.2636（0.8794）
检验方法	X6	X7
LLC	-3.58493（0.0002）	-4.54223（0.0000）
Breitung	2.96920（0.9985）	2.27141（0.9884）
IPS	0.91798（0.8207）	0.25171（0.5994）
Fish ADF	60.1009（0.5447）	61.3264（0.5003）
Fish PP	47.0678（0.9201）	69.2814（0.2453）

续表

检验方法	X8	
LLC	- 3. 65015 （0. 00001）	
Breitung	4. 59439 （1. 00000）	
IPS	- 1. 42722 （0. 0768）	
Fish ADF	102. 989 （0. 0008）	
Fish PP	102. 678 （0. 0009）	

注：括号内为 p 值。

然后对九个变量做协整检验（见表 4 - 5），此处检验方法选择 Kao 检验。

表 4 - 5　自然资源开发与经济发展回归变量协整检验结果

检验方法 \ 检验结果	统计量	统计量值（p 值）
Kao 检验	ADF	- 4. 943682 （0. 0000）
	Residual variance	1. 167544
	HAC variance	1. 354644

由 Kao 检验可以看出 p 值小于 0. 01，拒绝原假设，认为变量间存在协整关系，即变量存在长期稳定均衡关系。

三、面板模型的选择

根据一般面板数据分析方法，首先需要检验面板数据性质，确定估计方法，在此笔者使用 Hausman 检验实现这一目的。在计量分析中常用 Hausman 检验来判定固定效应模型和随机效应模型谁更有效（Hausman，1978）。检验形式如下：

$$H = \chi^2[K] = [b - \beta]' \widehat{\sum}^{-1} [b - \beta] \tag{4 - 2}$$

其中，b 是固定效应模型的估计系数，β 是随机效应模型的估计系数，$\widehat{\sum}$ =

Var［b］－Var［β］，H 服从一定自由度的卡方分布，若|H|大于临界值，则接受固定效应模型；反之则接受随机效应模型。

表 4 - 6 是使用自然资源开发和控制变量进行 Hausman 检验的结果，由结果判定，所有回归都采用固定效应模型。

表 4 - 6   自然资源开发与经济发展回归 Hausman 检验结果

方程	Chi - Sq. Statistic	Chi - Sq. d. f.	Prob.
（1）	463. 495986	1	0. 0000$^{(***)}$
（2）	314. 004183	2	0. 0000$^{(***)}$
（3）	427. 649417	3	0. 0000$^{(***)}$
（4）	199. 089563	4	0. 0000$^{(***)}$
（5）	236. 234577	5	0. 0000$^{(***)}$
（6）	196. 256224	6	0. 0000$^{(***)}$
（7）	220. 382517	7	0. 0000$^{(***)}$
（8）	133. 923816	8	0. 0000$^{(***)}$
（9）	134. 925453	7	0. 0000$^{(***)}$

注："＊＊＊"表示在 1% 的水平上显著。

四、模型回归结果

在回归的时候，由于本书截面个数为 29 个，而时序个数为 13 个，权数选择按截面加权（Cross - Section Weights）的方式，表示允许不同的截面存在异方差现象。这里首先对基期人均 GDP 与经济发展（DLI）进行回归，旨在观察经济发展与人均收入是否存在绝对收敛关系，进而加入自变量自然资源开发（RD），然后逐次加入控制变量人力资本存量（RC）、制度变量（SY）、制造业发展状况（MI）、物质资本投入（MC）、开放水平（OPE）、科技创新水平（ST），以观察各类控制变量对自然资源开发与经济发展的相关系数产生怎样的影响，同时发现各控制变量对经济发展产生的影响。回归结果如表 4 - 7 所示。

表4-7　自然资源开发与控制变量对经济发展影响的计量分析结果

自变量 方程	C	2000GDP/cap	RD	RC	SY	MI	MC	OPE	ST	R²	Adjusted R²
(1)	-10.3530 (-13.5565***)	0.0060 (80.1025***)								0.9757	0.9736
(2)	-3.4879 (-3.3811***)	0.0052 (45.6047***)	14.1938 (12.6974***)							0.9716	0.9691
(3)	-2.8591 (-2.0017**)	0.0052 (45.1109***)	13.9521 (11.9557***)	-1.4535 (-0.6580)						0.9716	0.9690
(4)	4.5028 (3.1543***)	0.0032 (21.0750***)	13.4373 (13.2882***)	5.0865 (2.3006**)	163.5499 (16.1144***)					0.9782	0.9762
(5)	-10.4952 (-5.7053***)	0.0034 (23.1509***)	8.0398 (6.7256***)	7.2472 (2.8688***)	161.7199 (16.6729***)	34.2410 (11.7762***)				0.9782	0.9761
(6)	-4.4280 (-3.6635***)	0.0030 (27.3313***)	1.1513 (1.5555)	2.4695 (1.5805)	119.9343 (16.2667***)	19.9189 (9.9908***)	15.0909 (20.1894***)			0.9878	0.9865
(7)	-4.8538 (-3.9654***)	0.0031 (28.1474***)	1.5194 (2.0488**)	2.4078 (1.5366)	116.8949 (15.9840***)	17.8938 (8.3811***)	15.1603 (20.1482***)	3.2668 (3.6707***)		0.9886	0.9874
(8)	0.3935 (0.3331)	0.0022 (20.2257***)	4.2649 (5.6988***)	3.9010 (2.6467***)	99.6877 (14.8907***)	22.2333 (10.6875***)	16.0805 (23.2424***)	3.1978 (4.3391***)	0.1636 (11.0351***)	0.9907	0.9897
(9)	-1.1790 (-0.9846)	0.0025 (22.7331***)		0.8891 (0.6080)	106.6137 (14.8214***)	23.0991 (10.5689***)	16.9308 (24.2396***)	2.6047 (3.6179***)	0.1320 (10.1820***)	0.9901	0.9891

注：括号中的数值为 T - 统计量，"***""**""*"分别表示在1%、5%、10%的水平上显著。

由表 4-7 的回归结果我们发现，首先在只对初始人均收入与经济发展做回归时并不像之前经济学家所得结论那样，存在初始人均收入与经济增长的绝对收敛效应，回归结果中初始人均收入的系数为正，因此初始人均收入越高，对经济发展的效果越好，这也很好地解释了我国各省区的经济发展水平与地区经济初始水平相一致的现象，即传统的富裕地区，经济发展水平更高。但同时我们也发现，随着自然资源的开发及其他控制变量的逐步加入，初始人均收入的系数在逐渐变小，由方程（1）中系数为 0.0060，变化为方程（8）中系数仅为 0.0022，缩小了 50% 以上。经济发展具有极复杂的原因，因此在加入更多的控制变量后该系数是否会无限趋近于 0 或变为负值有待在以后的研究中进一步探讨。

在方程（2）中，我们只估计自然资源开发对经济发展的影响，资源开发变量的回归系数为 14.1938，且在 1% 的置信水平上显著，这说明资源开发对经济发展的影响显著正相关，起到了积极的促进作用。方程（3）至方程（7）中逐步增加了人力资本存量、制度变量、制造业发展状况、物质资本投入、开放水平、科技创新水平等控制变量后的回归结果，从各个方程 X21 回归系数的显著性看，除方程（6）之外都通过了 5% 的显著性水平的检验，相关系数均为正，说明在增加控制变量的过程当中自然资源开发对经济发展具有促进作用这一回归结果具有较强的稳定性。方程（8）是将解释变量和所有控制变量都加入回归方程的估计结果，资源开发变量对经济发展的影响仍然是正相关，在 1% 的置信水平上显著，因此这些变量都可以作为经济发展的解释变量。从方程（2）到方程（7）X21 的系数在逐渐减小，说明随着控制变量的加入，资源开发对经济发展增长的解释作用在降低，但方程（8）系数有了较为明显的增加，说明最后加入的 X8 科技创新水平对自然资源开发促进经济水平发展有所裨益。从修正的判决系数 AR^2 和 F 统计量及其双侧概率来看，该模型对面板数据拟合程度很好，模型总体检验显著，所有控制变量对经济发展的影响均为正相关。

在方程（9）中，我们去掉自然资源禀赋，对所有控制变量与经济发展做回归，可以看出，回归结果与方程（8）符号完全一致，只是系数发生了变化。说明之前方程（8）回归结果稳定，只是加入自然资源禀赋后对其他控制变量对经济发展的关系产生了数量上的影响，其中制度质量、制造业发展、物质资本投入对经济发展的影响变大，人力资本投入、开发水平和科技创新投入系数变小，说明资源禀赋在经济发展中也作用于以上所述所有控制变量，具体作用将在第六章传导机制中做详细分析。

通过对表4－7中八个回归模型估计结果的综合分析，可以得出：第一，在研究时段内，自然资源开发并没有制约经济发展，而是显著且强有力地促进了经济发展，"资源诅咒"假说在这里并不成立。第二，除自然资源禀赋之外，人力资本存量、制度变量、制造业发展状况、物质资本投入、开放水平、科技创新水平提高对经济发展均起到了显著的促进作用，这与理论预期是一致的。第三，自然资源禀赋不仅直接作用于经济发展，而且作用于影响经济发展的其他控制变量，也就是说，资源禀赋对经济发展的影响既有直接作用也有间接作用。

第四节　自然资源开发与经济增长关系的实证检验

为更明确地研究自然资源开发对经济的影响，本节将沿用国内外学者传统的研究思路，采用本书样本数据对自然资源开发与经济增长的关系再次进行实证检验，对比自然资源开发在经济发展与经济增长中的作用是否相同。

一、描述性统计

本书仍然以我国29个省、市、自治区14年共计406个样本的面板数据为实证研究基础，使用Eviews7.0进行描述性统计分析验证自然资源禀赋与经济增长之间的关系。这里经济增长的代理指标用2000～2013年各省、市、自治区人均国内生产总值的增长率来表示。表4－8给出了各变量的统计特征。

表4-8　自然资源开发与经济增长的统计性描述

变量名	变量解释	均值	标准差	最大值	最小值	观测值
Y2	人均国内生产总值增长率（EG）	14.56723	5.784554	31.47694	0.074398	406
X1	2000年各省人均生产总值	9959.662	6683.358	39167.14	2759	406
X21	自然资源开发（RD）	0.13543	0.154709	0.933143	0.009541	406
X3	人力资本存量（RC）	0.389178	0.138738	0.896256	0.147648	406
X4	制度变量（SY）	0.056073	0.023341	0.145222	0.015727	406
X5	制造业发展状况（MI）	0.402819	0.070794	0.530361	0.181374	406
X6	物质资本投入（MC）	0.532998	0.185701	1.123767	0.253577	406
X7	开放水平（OPE）	0.327627	0.412899	1.71597	0.035682	406
X8	科技创新水平（ST）	5.693165	9.454025	63.54705	0.230056	406

由各变量描述性统计特征可以看出，同自然资源开发与经济发展的统计性描述中一样，经济增长代理指标的标准差也显示出很大的离散性，说明各个省不同年份人均国内生产总值的增长率差异较大。

对自然资源开发与经济增长指标进行简单回归，做散点图，如图4-2所示。

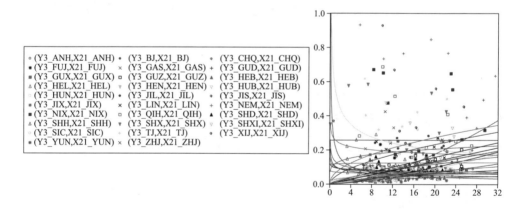

图4-2　各省自然资源开发与经济增长相关关系

由图4-2可以看出，以自然资源开发与经济增长指数进行简单回归，各省回归结果正负相关都有，直观感觉负相关为主要相关关系。二者的具体关系及加入控制变量后结果是否稳定将在下面做具体研究。

二、平稳性及协整检验

与前文相似，为了确保统计结果的可靠性，避免伪回归，首先要检验面板数据的平稳性。序列的检验结果如表4－9所示。由结果可得所有变量LLC的p值都小于0.01，因此可以拒绝原假设就判定面板数据是平稳的，且不存在单位根。所以九个解释变量都是平稳的，即 $I(0)$。

表4－9　自然资源开发与经济增长回归变量平稳性检验结果

检验方法	Y2	X1
LLC	－8.52348（0.0000）	－8.64168（0.0000）
Breitung	－2.07674（0.0189）	2.66501（0.9962）
IPS	－1.72862（0.0419）	0.00029（0.5001）
Fish ADF	71.2979（0.1127）	50.7159（0.7403）
Fish PP	61.3927（0.3554）	119.522（0.0000）
检验方法	X21	X3
LLC	－4.89858（0.0000）	－5.76247（0.0000）
Breitung	－0.3669（0.3568）	1.66650（0.9522）
IPS	－0.50526（0.3067）	－1.61243（0.0534）
Fish ADF	67.3501（0.2991）	81.5844（0.0484）
Fish PP	46.3606（0.9309）	84.6302（0.0297）
检验方法	X4	X5
LLC	－10.6041（0.0000）	－2.82283（0.0024）
Breitung	1.42288（0.9266）	2.27526（0.9886）
IPS	－5.35548（0.0000）	1.94800（0.9743）
Fish ADF	138.694（0.0000）	48.4879（0.8950）
Fish PP	166.038（0.0000）	49.2636（0.8794）
检验方法	X6	X7
LLC	－3.58493（0.0002）	－4.54223（0.0000）
Breitung	2.96920（0.9985）	2.27141（0.9884）
IPS	0.91798（0.8207）	0.25171（0.5994）
Fish ADF	60.1009（0.5447）	61.3264（0.5003）
Fish PP	47.0678（0.9201）	69.2814（0.2453）

检验方法	X8	
LLC	−3.65015 (0.00001)	
Breitung	4.59439 (1.00000)	
IPS	−1.42722 (0.0768)	
Fish ADF	102.989 (0.0008)	
Fish PP	102.678 (0.0009)	

注：括号内为 p 值。

对九个变量做协整检验（见表 4 − 10），此处检验方法依然选择 Kao 检验。

表 4 − 10　自然资源开发与经济增长回归变量协整检验结果

检验方法 ＼ 检验结果	统计量	统计量值（p 值）
Kao 检验	ADF	−4.943682 (0.0000)
	Residual variance	1.167544
	HAC variance	1.354644

由 Kao 检验可以看出 p 值小于 0.01，拒绝原假设，认为变量间存在协整关系，即变量存在长期稳定均衡关系。

三、面板模型的选择

表 4 − 11 是使用自然资源开发和控制变量进行 Hausman 检验的结果，由结果判定，方程（10）、方程（11）、方程（12）需采用随机效应模型，方程（13）至方程（17）的回归都采用固定效应模型。

表 4 – 11　自然资源开发与经济增长回归 Hausman 检验结果

方程	Chi – Sq. Statistic	Chi – Sq. d. f.	Prob.
(10)	0. 128052	1	0. 7205
(11)	0. 808471	2	0. 6675
(12)	4. 792703	3	0. 1876
(13)	8. 059958	4	0. 0000(***)
(14)	75. 440019	5	0. 0000(***)
(15)	68. 044034	6	0. 0000(***)
(16)	81. 085602	7	0. 0000(***)
(17)	83. 153275	8	0. 0000(***)

注：" ∗∗∗ " 表示在1%的水平上显著。

四、模型回归结果

在回归时，固定效应模型权数依然选择按截面加权（Cross – Section Weights）的方式，表示允许不同的截面存在异方差现象。这里首先对基期人均 GDP 与经济增长进行回归，旨在观察经济增长与人均收入是否存在绝对收敛关系，进而加入自变量自然资源开发（RD），然后逐次加入控制变量人力资本存量（RC）、制度变量（SY）、制造业发展状况（MI）、物质资本投入（MC）、开放水平（OPE）、科技创新水平（ST），回归结果如表 4 – 12 所示。

由表 4 – 12 的回归结果我们发现，首先在只对初始人均收入与经济增长做回归时，结论与初始人均收入与经济发展的关系不同，存在初始人均收入与经济增长的绝对收敛效应，回归结果中初始人均收入的系数为负，即不论各省目前经济增长水平如何，最终都会收敛于某一稳态。但同时我们也发现，随着自然资源开发及其他控制变量的逐步加入，初始人均收入的系数由负变正，说明在考虑自然资源开发和其他控制变量后经济增长并不具有收敛效应，最终回归结果与自然资源开发与经济发展中结论一致。

表4-12 自然资源开发与控制变量对经济增长影响的计量分析结果

自变量 方程	C	2000GDP/cap	RD	RC	SY	MI	MC	OPE	ST	R²	Adjusted R²
(10)	16.7033 (33.2032***)	-0.0002 (-5.1115***)								0.0614	0.0591
(11)	16.1551 (28.9835***)	-0.0002 (-5.1397***)	4.1246 (2.2770**)							0.0736	0.0690
(12)	16.7827 (11.3871***)	-0.0002 (-4.2071***)	4.2291 (2.3202**)	-1.2266 (-0.4599)						0.0741	0.0672
(13)	15.4311 (4.3626***)	-0.0002 (-0.6181)	8.0782 (2.5228**)	5.2404 (0.8022)	-39.6769 (-1.8828*)					0.1661	0.0946
(14)	-12.6287 (-3.0477***)	0.0004 (1.7760*)	-8.1385 (-2.5892***)	-3.8645 (-0.6697)	-79.2632 (-4.1724***)	74.3044 (10.6775***)				0.3698	0.3139
(15)	-13.0375 (-3.0421***)	0.0004 (1.8205*)	-7.6063 (-2.1562**)	-3.6515 (-0.6296)	-78.2243 (-4.0108***)	75.5923 (9.4881***)	-0.8766 (-0.3350)			0.3697	0.3120
(16)	-14.9960 (-3.6958***)	0.0005 (2.1630**)	-6.0572 (-1.7461*)	-0.4398 (-0.0784)	-93.0427 (-5.1027***)	66.0615 (8.6559***)	1.4365 (0.5821)	11.0233 (6.7269***)		0.4497	0.3976
(17)	-15.2782 (-3.6732***)	0.0005 (1.8230*)	-5.9880 (-1.7046*)	-0.4992 (-0.0886)	-92.5074 (-4.7743***)	65.9448 (8.4238***)	1.3815 (0.5579)	11.1193 (6.6250***)	-0.0098 (-0.1999)	0.4497	0.3976

注：括号中的数值为T-统计量，"***""**""*"分别表示在1%、5%、10%的水平上显著。

在方程（11）中，我们只估计自然资源开发对经济增长的影响，资源开发变量的回归系数为4.1246，且在5%的置信水平上显著，这说明资源开发对经济增长的影响显著正相关，资源开发对经济增长起积极的促进作用。在加入人力资本投入及制度变量后，资源开发对经济增长的影响方向与之前一致，依然为正相关。但在加入制造业投入及物质资本投入、开发水平及科技创新水平后，自然资源开发对经济增长产生了负向影响，即出现了"资源诅咒"现象。由方程（17）可得除自然资源开发外，人力资本投入、物质资本投入、科技创新水平与经济增长相关关系不显著，与预期不符，制度质量与经济增长呈负相关关系也与预期不符。制造业投入与开放水平促进经济增长。

第五节　自然资源开发对经济发展及经济增长影响的比较分析

通过上两节的分析发现，自然资源开发对经济发展及经济增长有着不同的影响，本节将具体比较对二者影响的规律。由上述实证检验的结果我们总结了自然资源开发对经济发展及经济增长的影响如表4-13所示。

表4-13　自然资源开发对经济发展、经济增长影响结果对比

系数值与T值 变量	对经济发展 影响系数	T检验值	对经济增长 影响系数	T检验值
C	0.3935	（-0.3331）	-15.2782	（-3.6732***）
2000GDP/cap	0.0022	（20.2257***）	0.0005	（1.8230*）
RD	4.2649	（5.6988***）	-5.988	（-1.7046*）
RC	3.901	（2.6467***）	-0.4992	（-0.0886）
SY	99.6877	（14.8907***）	-92.5074	（-4.7743***）

续表

系数值与T值 变量	对经济发展 影响系数	T检验值	对经济增长 影响系数	T检验值
MI	22. 2333	(10. 6875 ***)	65. 9448	(8. 4238 ***)
MC	16. 0805	(23. 2424 ***)	1. 3815	(-0. 5579)
OPE	3. 1978	(4. 3391 ***)	11. 1193	(6. 6250 ***)
ST	0. 1636	(11. 0351 ***)	-0. 0098	(-0. 1999)
R^2	0. 9907		0. 4497	
Adjusted R^2	0. 9897		0. 3976	

由表4-13结果可见，自然资源开发对经济发展回归系数为正，具有促进作用，有利于经济发展，这一结论与赵宇新、李夏冰（2012）的研究结论相吻合①；而自然资源开发对经济增长而言却回归系数为负，具有阻碍作用，这一结论与徐康宁、韩剑（2005）、邵帅、齐中英（2008）的研究结果一致。对于经济发展而言除自然资源开发外，人力资本投入、制度质量、物质资本投入、制造业投入、开放水平和科技创新水平均显著与其正相关，均为经济发展的促进因素；而对于经济增长而言，除自然资源开发以外，制造业投入水平与开放程度与经济增长在1%的水平上显著正相关，对其有促进作用，制度质量对经济增长有显著的阻碍作用。笔者认为，因本书所选取的制度质量的代理变量为个体与私营业主占本地区人口比例，一地个体与私营经济比例越高，经济增长速度越慢，源于国有与集体经济投入对经济增长率产生的直接贡献较大。另外，由回归结果看人力资本投入、物质资本投入与科技创新水平与经济增长负相关，但回归结果不显著。

---

① 赵新宇，李夏冰. 中国是否被资源所诅咒？——基于生态足迹模型和中国省际面板数据的实证研究 [J]. 吉林大学社会科学学报，2012 (7)：144-150.

第六节 本章小结

在本章，通过对我国 29 个省、市、自治区 2000 ~ 2013 年面板数据的回归分析，实证检验经济发展与自然资源禀赋的关系，得到如下结论：

首先，用自然资源开发作为自然资源禀赋的代理指标，在与经济发展的回归中，所得结论没有出现"资源诅咒"情况，资源开发对经济发展具有较大的促进作用，同时人力资本投入、制度质量、制造业发展水平、物质资本投入、开放水平、科技创新水平也都对经济发展具有明显的促进作用。

其次，在自然资源开发与经济增长的实证检验中发现，资源开发与经济增长呈负相关关系，资源开发阻碍经济增长，即自然资源开发与经济增长有"资源诅咒"效应。同时，制造业投入水平与开放水平促进经济增长，制度质量阻碍经济增长，人力资本投入、物质资本投入、科技创新水平与经济增长负相关，但回归结果不显著。

第 五 章

不同种类自然资源禀赋与经济
发展关系的实证研究

在有关自然资源禀赋与经济发展关系的研究中，自然资源禀赋在衡量时一般会有两种维度——开发水平（自然资源开发）和蕴藏水平（自然资源储量）。第四章我们将自然资源开发对经济发展的影响进行了实证检验，本章将对自然资源储量对经济发展的影响进行实证检验，在关于"资源诅咒"的研究中许多学者使用的自然资源禀赋代理指标正是资源储量，因此本章主要关注自然资源储量对经济发展究竟有怎样的影响。

在第四章的分析基础上，本章还将进一步探讨煤炭资源开发对经济发展的影响以及石油和天然气资源开发对经济发展的影响。本书对自然资源禀赋的落脚点依然为自然资源开发，因此在不同种类自然资源禀赋对经济发展的影响中只使用各类自然资源开发作为自变量，通过对其与经济发展关系数据的解析，找出不同种类自然资源与经济发展间的关系，对自然资源禀赋与经济发展关系进行深入研究，运用实证分析的方法探索不同角度下自然资源禀赋对经济发展的影响。

第一节　模型选择

本章沿用第四章基本数理模型，但由于自然资源储量不受经济发展影响，在较长时期内相对稳定，因此在自然资源储量与经济发展关系的模型中不考虑内生性问题，运用式（5-1）进行模型回归。

$$Y_t^i = \alpha_0 + \alpha_1 \times 2000GDP_0^i/cap + \alpha_2 \times NR_t^i + \alpha_3 \times Z_t^i + \varepsilon^i \qquad (5-1)$$

在分类自然资源禀赋的研究中，沿用上章基本数理模型，运用式（5-2）进行模型回归。

$$Y_{t-1}^i = \alpha_0 + \alpha_1 \times 2000GDP_0^i/cap + \alpha_2 \times NR_t^i + \alpha_3 \times Z_t^i + \varepsilon^i \qquad (5-2)$$

第二节　变量选取

本章研究自然资源储量、不同种类自然资源开发对经济发展的影响，产出变量的代理指标依然为民生与发展指数。

自变量的选择中，本书选取了自然资源禀赋的另一个度量指标——自然资源储量①（RR），以人均能源储量为代理指标，在具体计算中将各地区每年探明的煤炭、石油、天然气的数量折合为标准煤产量进行计算，具体计算公式如下：

各省自然资源储量 = 原油储量×1.43 + 天然气储量×1.33/1000 + 原煤储量×0.714

$$(5-3)$$

另外，为进一步细化研究各类能源资源开发对经济发展的影响，在本章中还

---

① 这里的自然资源储量指已证明可经济开发的资源总量，统计年鉴中的专有名词为基础储量。

选取了作为主要能源的煤炭资源和石油、天然气资源固定资产投资额来进一步探索不同种类自然资源开发对经济发展带来的影响。具体计算以各省每年煤炭、石油、天然气资源固定资产投资额除以年末常住人口数获得。

控制变量的选择与第四章相同。本章具体变量符号、含义、计算方法如表5-1所示。

表5-1　自然资源储量与经济发展回归各变量符号、含义及代理指标

符号	变量含义	代理指标
Y	全国各省的经济发展状况（DLI）	发展与民生指数
X1	2000年各省人均生产总值	2000GDP/cap
X22	自然资源储量（RR）	各省资源储量＝原油储量×1.43＋天然气储量×1.33/1000＋原煤储量×0.714
X211	煤炭资源开发（CD）	人均煤炭资源固定资产投资额＝各省每年煤炭资源固定资产投资额/年末常住人口数
X212	石油、天然气资源开发（PND）	人均石油天然气资源固定资产投资额＝各省每年石油天然气资源固定资产投资额/年末常住人口数
X3	人力资本存量（RC）	各省教育投入经费/各省GDP
X4	制度变量（SY）	企业家活动指数＝（私营企业投资者就业人数＋个体投资者就业人数）/地区年末常住人口数
X5	制造业发展状况（MI）	各省工业增加值/各省GDP
X6	物质资本投入（MC）	各省的全社会固定资产投资/各省GDP
X7	开放水平（OPE）	各省进出口贸易额/各省GDP
X8	科技创新水平（ST）	每万人专利技术申请量＝各省专利技术申请量/地区年末常住人口数×10000

第三节　自然资源储量与经济发展关系的实证检验

通过回归方程探讨自然资源储量与经济发展的关系，依照前文首先对面板数据进行统计性描述；其次使用面板数据的单位根检验面板的平稳性，对面板数据

进行协整检验，以求分别检验诸多因素是否对经济增长存在长期的均衡关系；最后选择合适的面板数据模型，揭示变量之间的作用关系。

一、描述性统计

对各变量做描述性统计，汇总表如表 5 - 2 所示。

表 5 - 2　自然资源储量与经济发展的统计性描述

变量名	变量解释	均值	标准差	最大值	最小值	观测值
Y1	全国各省的经济发展状况（DLI）	51.4778	12.74158	90.57	28.66	406
X1	2000 年各省人均生产总值	9959.662	6683.358	39167.14	2759	406
X22	自然资源储量（RR）	251.6049	521.0091	2393.117	0	319
X3	人力资本存量（RC）	0.389178	0.138738	0.896256	0.147648	406
X4	制度变量（SY）	0.056073	0.023341	0.145222	0.015727	406
X5	制造业发展状况（MI）	0.402819	0.070794	0.530361	0.181374	406
X6	物质资本投入（MC）	0.532998	0.185701	1.123767	0.253577	406
X7	开放水平（OPE）	0.327627	0.412899	1.71597	0.035682	406
X8	科技创新水平（ST）	5.693165	9.454025	63.54705	0.230056	406

考虑自然资源储量与经济发展间不存在内生性问题，本章研究不采用滞后一期的因变量回归，因此样本容量为 406。其他变量的统计描述在第四章已有说明，本节重点考察自然资源储量（RR）的统计描述。自然资源储量标准差为 521.0091，说明我国自然资源分布严重不均，各地储量差异水平很大，这与我国自然资源分布的实际情况吻合；煤炭资源开发和石油、天然气资源开发变量的标准差系数均小于 0.1。

对自然资源储量与经济发展做简单回归，回归散点图及拟合线如图 5 - 1 所示。可以看出二者各省的拟合线基本呈负相关关系。

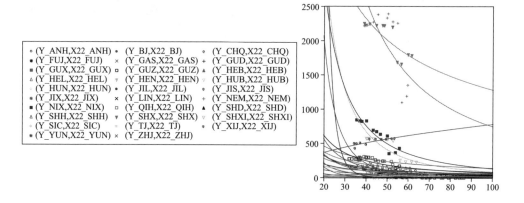

◦ (Y_ANH,X22_ANH)	● (Y_BJ,X22_BJ)	○ (Y_CHQ,X22_CHQ)
✳ (Y_FUJ,X22_FUJ)	× (Y_GAS,X22_GAS)	+ (Y_GUD,X22_GUD)
▣ (Y_GUX,X22_GUX)	▱ (Y_GUZ,X22_GUZ)	◇ (Y_HEB,X22_HEB)
△ (Y_HEL,X22_HEL)	▽ (Y_HEN,X22_HEN)	▷ (Y_HUB,X22_HUB)
⊲ (Y_HUN,X22_HUN)	● (Y_JIL,X22_JIL)	◑ (Y_JIS,X22_JIS)
✳ (Y_JIX,X22_JIX)	× (Y_LIN,X22_LIN)	× (Y_NEM,X22_NEM)
▪ (Y_NIX,X22_NIX)	▱ (Y_QIH,X22_QIH)	▲ (Y_SHD,X22_SHD)
△ (Y_SHH,X22_SHH)	▽ (Y_SHX,X22_SHX)	▶ (Y_SHXI,X22_SHXI)
◦ (Y_SIC,X22_SIC)	▽ (Y_TJ,X22_TJ)	◑ (Y_XIJ,X22_XIJ)
✳ (Y_YUN,X22_YUN)	× (Y_ZHJ,X22_ZHJ)	

图 5 - 1   自然资源储量与经济发展的相关关系

二、平稳性及协整检验

因其他变量的平稳性之前已检验，本节检验自然资源储量平稳性，检验结果如表 5 - 3 所示。变量 LLC 的 p 值小于 0.01，因此可以拒绝原假设判定面板数据是平稳的，且不存在单位根。结合第四章对其他变量的平稳性检验结果可知所有变量都是平稳的，即 I（0）。

表 5 - 3   自变量自然资源储量的平稳性检验

检验方法	X22
LLC	- 32. 8897 （0. 0000）
Breitung	- 1. 20324 （0. 1144）
IPS	- 5. 50715 （0. 0000）
Fish ADF	106. 170 （0. 0002）
Fish PP	80. 0277 （0. 0430）

注：括号内为 p 值。

对因变量经济发展、自变量自然资源储量、初始人均国内生产总值及六个控制变量进行协整检验，因变量数量较多，此处检验方法依然选择 Kao 检验。检验结果如表 5 - 4 所示。

表5-4　自然资源储量与经济发展回归变量协整检验结果

检验结果 检验方法	统计量	统计量值（p值）
Kao 检验	ADF	-5.736551（0.0000）
	Residual variance	1.529783
	HAC variance	1.716771

由 Kao 检验可以看出 p 值小于 0.01，拒绝原假设，认为九个变量间存在协整关系，即九个变量存在长期稳定均衡关系。

三、面板模型的选择

在面板数据模型的选择上，这里依然采用 Hausman 检验来判定固定效应模型或随机效应模型的选择，检验结果如表 5-5 所示。

表5-5　自然资源储量与经济发展回归 Hausman 检验结果

方程	Chi-Sq. Statistic	Chi-Sq. d. f.	Prob.
（18）	339.832962	2	0.0000[***]
（19）	426.877231	3	0.0000[***]
（20）	157.496492	4	0.0000[***]
（21）	195.266049	5	0.0000[***]
（22）	156.604718	6	0.0000[***]
（23）	160.370586	7	0.0000[***]
（24）	121.793103	8	0.0000[***]

注："***"表示在1%的水平上显著。

检验结果，所有方程依然采用固定效应模型。

四、模型回归结果

我们对自然资源储量与经济发展的关系按上节的思路进行逐一回归，采用式（5-1）的方程形式，控制变量逐一加入，回归结果如表5-6所示。我们发现在

表5-6 自然资源储量与控制变量对经济发展影响的计量分析结果

自变量 方程	C	2000GDP/cap	RR	RC	SY	MI	MC	OPE	ST	R²	Adjusted R²
	— / —	— / —								—	—
(18)	-4.2205 (-3.5044***)	0.0059 (57.4885***)	-0.0084 (-5.9254***)							0.9703	0.9672
(19)	-4.2118 (-2.3806**)	0.0059 (54.3201***)	-0.0081 (-5.6296***)	0.1219 (0.0453)						0.9681	0.9646
(20)	3.1918 (1.6745*)	0.0036 (19.2865***)	-0.0035 (-2.1119**)	9.6947 (3.1143***)	189.3888 (13.7962***)					0.9692	0.9658
(21)	-11.6316 (-6.2808***)	0.0035 (22.0608***)	-0.0001 (-0.0479)	5.4158 (2.1515**)	189.6267 (16.0044***)	39.7299 (12.3831***)				0.9761	0.9734
(22)	-4.6361 (-2.9504***)	0.0031 (22.3784***)	-0.0021 (-2.1472**)	3.3399 (1.8415*)	108.5017 (10.2826***)	24.5233 (9.4466***)	16.8189 (19.2851***)			0.9851	0.9833
(23)	-5.455 (-3.2598***)	0.003 (21.5457***)	-0.002 (-2.3349**)	3.135 (1.7302*)	107.216 (10.1239***)	22.818 (8.3582***)	16.957 (19.3531***)	3.153 (2.5269**)		0.9858	0.9841
(24)	-1.251434 (-0.7415)	0.002528 (16.5094***)	-0.003621 (-3.8324***)	2.83014 (1.5746)	85.69806 (8.3953***)	26.24548 (10.4647***)	18.90284 (21.9260***)	3.8261 (2.942***)	0.153032 (6.9501***)	0.9864	0.9846

注：括号中的数值为 T - 统计量，"***""**""*" 分别表示在 1%、5%、10% 的水平上显著。

方程（18）中，资源储量（RR）与因变量在1%的显著水平下呈负相关关系，相关系数为 -0.0084；在加入人力资源投入后，相关水平显著性依然很高，关系为负，系数为 -0.0081；再加入制度变量后依然是较为显著的负相关关系；直至加入制造业发展指数关系依然为负，但相关性并不显著，之后又逐步加入物质资本投入、开放水平与科技创新水平，最终结果资源储量与经济发展显著负相关，制度变量等其他控制变量与经济发展水平依然为正相关，与我们的预期一致，但制度变量不够显著，其他控制变量的相关性非常显著，拟合优度达到0.9846。

通过资源储量与经济发展回归的结果我们发现，一地资源的储量与经济发展呈负相关关系，这一结论与"资源诅咒"理论一致，在对"资源诅咒"的实证检验中也有很多学者在自变量的选择上采用资源储量，只是验证的多为资源储量与经济增长之间的关系，由上述回归结论我们发现，在发展与资源储量之间也存在"资源诅咒"假说，对于我国的资源富集地区，这是一个非常不利的结论。因此，资源富集地区应该如何避免"资源诅咒"，利用天然福利为其发展创造更多的"红利"也是在对策研究中需要重点探讨的问题。

第四节　煤炭资源开发与经济发展关系的实证检验

文献研究显示，有学者把自然资源细化，分别用煤炭资源和石油、天然气资源来代理自然资源，通过实证分析寻找自然资源禀赋与经济增长的关系，所得结论各有不同，很多学者实证的结果是石油、天然气具有促进经济增长的作用，而煤炭资源具有阻碍经济增长的作用。本书研究的着眼点为自然资源开发对经济发展的影响，因此，在本节和下节将单独研究煤炭资源开发和石油、天然气资源开发对经济发展产生的影响。

一、描述性统计

对各变量做描述性统计，汇总表如表 5 - 7 所示。

表 5 - 7　煤炭资源开发与经济发展的统计性描述

变量名	变量解释	均值	标准差	最大值	最小值	观测值
Y1	全国各省的经济发展状况（DLI）	51.4778	12.74158	90.57	28.66	377
X1	2000 年各省人均生产总值	9959.662	6683.358	39167.14	2759	406
X211	煤炭资源开发（CD）	0.023073	0.05279	0.374472	0	406
X3	人力资本存量（RC）	0.389178	0.138738	0.896256	0.147648	406
X4	制度变量（SY）	0.056073	0.023341	0.145222	0.015727	406
X5	制造业发展状况（MI）	0.402819	0.070794	0.530361	0.181374	406
X6	物质资本投入（MC）	0.532998	0.185701	1.123767	0.253577	406
X7	开放水平（OPE）	0.327627	0.412899	1.71597	0.035682	406
X8	科技创新水平（ST）	5.693165	9.454025	63.54705	0.230056	406

本节对煤炭资源开发与经济发展关系进行实证检验，同研究自然资源开发时相同，为避免内生性，因变量选滞后一期变量，由于数据可得性原因，样本容量为 377。

对煤炭资源开发与经济发展做简单回归，回归散点图及拟合线如图 5 - 2 所示。可以看出各省的二者拟合线基本呈正相关关系。

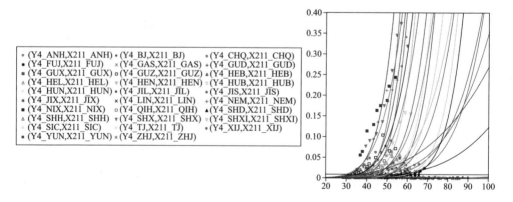

图 5 - 2　煤炭资源开发与经济发展的相关关系

二、平稳性及协整检验

因其他变量的平稳性之前已检验，本节检验煤炭资源开发的平稳性，检验结果如表5-8所示。变量 LLC 的 p 值小于0.01，因此可以拒绝原假设，判定面板数据是平稳的，且不存在单位根。结合之前对其他变量的平稳性检验结果可知所有变量都是平稳的，即 I（0）。

表5-8　煤炭资源开发的平稳性检验

检验方法	X211
LLC	−6. 02352（0. 0000）
Breitung	−1. 04462（0. 1481）
IPS	−2. 49035（0. 0064）
Fish ADF	88. 2659（0. 0064）
Fish PP	0. 0196

注：括号内为 p 值。

对所有变量进行协整检验，因变量数量较多，此处检验方法依然选择 Kao 检验。检验结果如表5-9所示。

表5-9　煤炭资源开发与经济发展回归变量协整检验结果

检验方法 ＼ 检验结果	统计量	统计量值（p 值）
Kao 检验	ADF	−5. 706625（0. 0000）
	Residual variance	1. 517417
	HAC variance	1. 635191

由 Kao 检验可得，p 值在1%的水平上显著，拒绝原假设，因此认为九个变量间存在协整关系，即九个变量存在长期稳定均衡关系。

三、面板模型的选择

使用 Hausman 检验来判定固定效应模型或随机效应模型的选择，检验结果如表 5-10 所示。

表 5-10 煤炭资源开发与经济发展回归 Hausman 检验结果

方程	Chi - Sq. Statistic	Chi - Sq. d. f.	Prob.
(25)	379. 450247	2	0. 0000(***)
(26)	529. 570124	3	0. 0000(***)
(27)	226. 647843	4	0. 0000(***)
(28)	275. 630978	5	0. 0000(***)
(29)	207. 255190	6	0. 0000(***)
(30)	231. 057109	7	0. 0000(***)
(31)	144. 173142	8	0. 0000(***)

注："***"表示在1%的水平上显著。

检验结果，所有方程依然采用固定效应模型。

四、模型回归结果

如前所述，我们对煤炭资源开发与经济发展相关性的检验依然按上节的思路进行逐一回归，采用式（5-2）的方程形式，控制变量逐一加入，回归结果如表5-11所示。

首先在基础回归中，自变量煤炭开发与经济发展的关系呈正相关性，并且相关性非常显著，影响系数为 32.9570，大于资源开发对经济发展的相关系数 14.1938，说明在整个自然资源开发中煤炭资源开发对经济发展的影响大于其他能源开发。在逐步加入人力资本投入、制度质量、制造业发展指数、物质资本投入之后，煤炭资源开发的影响系数逐渐下降，这四项控制变量削弱了煤炭资源开发对经济发展的解释力，但相关性依然显著为正。在加入了开放水平和科技创新

表 5 - 11　煤炭资源开发与控制变量对经济发展影响的计量分析结果

自变量 方程	C	2000GDP/cap	CD	RC	SY	MI	MC	OPE	ST	R²	Adjusted R²
(25)	-6.2548 (-7.3875***)	0.0056 (63.6482***)	32.9570 (11.7030***)							0.9774	0.9755
(26)	-4.9628 (-4.6323***)	0.0056 (64.3007***)	31.5401 (10.8560***)	-3.1512 (-1.8887*)						0.9781	0.9761
(27)	-1.2421 (-0.9327)	0.0042 (29.6284***)	30.3267 (9.1249***)	3.8508 (1.7567*)	126.5262 (12.1190***)					0.9777	0.9757
(28)	-13.5847 (-7.9057***)	0.0038 (27.6176***)	17.8935 (6.1148***)	5.3118 (2.1513**)	144.8215 (14.5534***)	37.0069 (13.4580***)				0.9776	0.9754
(29)	-4.6414 (-4.1246***)	0.0031 (30.7262***)	9.1858 (5.5020***)	3.5120 (2.4339**)	112.5012 (15.1198***)	19.4221 (10.4454***)	14.9742 (21.5516***)			0.9885	0.9873
(30)	-5.2435 (-4.6026***)	0.0031 (31.3878***)	9.8081 (5.8775***)	3.4510 (2.3984**)	107.7138 (14.5789***)	17.0547 (8.5177***)	15.1878 (21.7226***)	3.4424 (3.3390***)		0.9892	0.9881
(31)	-0.5882 (-0.5213)	0.0024 (22.9358***)	14.6401 (8.5126***)	4.1036 (2.9681***)	84.7682 (12.3892***)	21.8437 (10.9235***)	16.8159 (25.8476***)	3.4278 (4.6370***)	0.1692 (12.0785***)	0.9909	0.9900

注：括号中的数值为 T - 统计量，"***""**""*"分别表示在 1%、5%、10% 的水平上显著。

指数后，煤炭资源开发的系数又有所回升，说明这两项控制变量促进了煤炭资源开发对经济发展的正相关作用。在最后的回归方程中我们看到在1%的置信水平上，煤炭资源开发与经济发展间呈显著正相关关系，其他控制变量也与经济发展全部呈正相关关系，控制变量与经济发展的关系符合预期。

这里得出的结论与之前学者的结论大相径庭，在人们的认知中，煤炭资源具有"绝对资源诅咒"效应。分析产生这种情况的原因，主要是由于我国煤炭资源开采历史悠久，在所有自然资源中分布最为广泛、产出巨大，是我国丰裕度最高的能源。虽然煤炭富矿多，但采矿技术含量低，导致大量小煤窑存在，即使是国有煤矿相对于国外而言其开采技术也相对落后。导致煤炭工业长期以来不景气，再加上体制结构的僵化使本地居民（甚至是企业职工）从煤炭开发中收益十分有限，但却承担了煤炭开发所带来的高昂的环境成本。同时经济高度依赖煤炭资源开发的产业结构也不能有效带动本地经济发展，所以本地经济增长乏力，产生了"绝对资源诅咒"效应。但本书面板数据的选取时段为2000～2013年，说明在进入21世纪之后，煤炭资源开发经过长足的发展与积累其开发方式与效率正在不断改进和提升。2000年之后煤炭开发迎来黄金时期，各地从煤炭开发中获得的收益也被更多地用于改善民生，尤其最近几年才开始大规模开发煤炭资源的地区，依靠后发优势，经济发展指数也增长明显。经济发展与煤炭资源开采的正相关关系充分说明了这点。

第五节　石油、天然气资源开发与经济发展关系的实证检验

一、描述性统计

对各变量做描述性统计，石油、天然气资源开发与经济发展及各控制变量的

描述性统计汇总表如表 5 – 12 所示。

表 5 – 12　石油、天然气资源开发与经济发展的统计性描述

变量名	变量解释	均值	标准差	最大值	最小值	观测值
Y1	全国各省的经济发展状况（DLI）	51.4778	12.74158	90.57	28.66	377
X1	2000 年各省人均生产总值	9959.662	6683.358	39167.14	2759	406
X212	石油天然气资源开发（PND）	0.020645	0.043117	0.320163	0	406
X211	煤炭资源开发（CD）	0.023073	0.05279	0.374472	0	406
X3	人力资本存量（RC）	0.389178	0.138738	0.896256	0.147648	406
X4	制度变量（SY）	0.056073	0.023341	0.145222	0.015727	406
X5	制造业发展状况（MI）	0.402819	0.070794	0.530361	0.181374	406
X6	物质资本投入（MC）	0.532998	0.185701	1.123767	0.253577	406
X7	开放水平（OPE）	0.327627	0.412899	1.71597	0.035682	406
X8	科技创新水平（ST）	5.693165	9.454025	63.54705	0.230056	406

对石油、天然气资源开发与经济发展做简单回归，回归散点图及拟合线如图 5 – 3 所示。可以看出各省石油、天然气资源开发与经济发展的拟合线基本呈正相关关系。

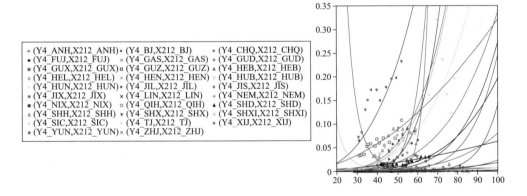

图 5 – 3　石油、天然气资源开发与经济发展的相关关系

二、平稳性及协整检验

因其他变量的平稳性之前已检验，本节检验石油、天然气资源开发的平稳

性，检验结果如表5－13所示。变量LLC的p值小于0.01，因此可以拒绝原假设，判定面板数据是平稳的，且不存在单位根。结合之前对其他变量的平稳性检验结果可知所有变量都是平稳的，即Ⅰ（0）。

表5－13 石油、天然气资源开发的平稳性检验

检验方法	X212
LLC	－ 6.96665（0.0000）
Breitung	－ 3.20410（0.0007）
IPS	－ 3.06925（0.0011）
Fish ADF	98.6751（0.0012）
Fish PP	102.604（0.0005）

注：括号内为p值。

对所有变量进行协整检验，因变量数量较多，此处检验方法依然选择Kao检验。检验结果如表5－14所示。

表5－14 石油、天然气资源开发与经济发展回归变量协整检验结果

检验方法 ＼ 检验结果	统计量	统计量值（p值）
Kao检验	ADF	－ 5.740260（0.0000）
	Residual variance	1.583716
	HAC variance	1.731792

由Kao检验可得，p值在1%的水平上显著，拒绝原假设，因此认为变量间存在协整关系，即九个变量存在长期稳定均衡关系。

三、面板模型的选择

使用Hausman检验来判定固定效应模型或随机效应模型的选择，检验结果如表5－15所示。

表 5 – 15　石油、天然气资源开发与经济发展回归 Hausman 检验结果

方程	Chi – Sq. Statistic	Chi – Sq. d. f.	Prob.
(32)	438. 302950	2	0. 0000(***)
(33)	547. 129594	3	0. 0000(***)
(34)	185. 305275	4	0. 0000(***)
(35)	239. 722553	5	0. 0000(***)
(36)	185. 150688	6	0. 0000(***)
(37)	203. 716569	7	0. 0000(***)
(38)	130. 406155	8	0. 0000(***)

注:"***"表示在 1% 的水平上显著。

检验结果,所有方程依然采用固定效应模型。

四、模型回归结果

我国石油、天然气大规模开发时间较短,而且该项目的开发需要很高的资金和技术门槛,再加上体制因素,这些都使我国石油、天然气开发以国有企业为主体。大量的行业垄断利润容易提高企业职工收益,因此石油、天然气富集地区居民平均收益较高,之前学者的研究中普遍赞同石油、天然气资源对经济增长具有促进作用。本书研究的石油、天然气开发对经济发展影响的回归结果如表 5 – 16 所示。

由表 5 – 16 可知,通过方程(32)的基本回归可以看出石油、天然气资源开发在 10% 的相关水平下促进经济发展,影响系数为 7. 2919,小于煤炭资源开发对经济发展影响的 32. 9570,但依然是正相关。在逐步加入控制变量的人力资本投入和制度质量后,影响系数显著增加,说明这两项控制变量促进其正相关的影响。当继续加入制造业发展指数、物质资本投入、开放水平及科技创新指数后,影响系数变小,这四项控制变量分担了石油、天然气资源开发对经济发展的影响能力。除我们重点观察的石油、天然气资源开发系数为正外,制度质量、制造业

表5-16 石油、天然气资源开发与控制变量对经济发展影响的计量分析结果

自变量 方程	C	2000GDP/cap	PND	RC	SY	MI	MC	OPE	ST	R²	Adjusted R²
(32)	-9.9511 (-11.4190***)	0.0060 (66.0782***)	7.9919 (1.65230*)							0.9734	0.9711
(33)	-6.4641 (-4.5885***)	0.0060 (62.1434***)	9.3755 (2.1877*)	-8.1614 (-3.8473***)						0.9722	0.9697
(34)	0.0091 (0.0057)	0.0040 (21.6180***)	20.7389 (4.0999***)	2.2401 (0.9266)	163.0751 (13.7039***)					0.9722	0.9696
(35)	-12.9633 (-7.3967***)	0.0036 (23.6970***)	9.2825 (1.9844*)	1.7438 (0.7402)	161.5121 (15.8307***)	40.9561 (15.2131***)				0.9776	0.9754
(36)	-4.8361 (-3.8499***)	0.0031 (26.6382***)	1.1169 (0.4031)	1.7527 (1.1905)	119.5071 (15.3702***)	20.1268 (9.9822***)	15.3453 (21.6044***)			0.9877	0.9865
(37)	-5.1790 (-4.1308***)	0.0031 (27.2040***)	2.0968 (0.8092)	1.5860 (1.0805)	118.2452 (15.3629***)	18.1369 (8.4325***)	15.4596 (21.5769***)	3.1517 (3.5301***)		0.9886	0.9874
(38)	-0.4758 (-0.3895)	0.0024 (20.8310***)	6.6592 (2.2931**)	1.2099 (0.8312)	110.9069 (15.0757***)	22.5427 (10.3401***)	16.7218 (23.9366***)	2.7936 (3.8872***)	0.1350 (10.3946***)	0.9903	0.9893

注：括号中的数值为T-统计量，"***""**""*"分别表示在1%、5%、10%的水平上显著。

发展指数、物质资本投入、开放水平及科技创新水平的系数也在5%的置信水平上显著表现为正相关，与预期相符；人力资本投入与经济发展也呈正相关关系，但相关性不显著，与预期不符。

第六节　本章小结

本章是更深入和细化的研究，在第四章对以自然资源开发作为代理指标的自然资源禀赋和经济发展的相关关系进行实证研究的基础上，以自然资源禀赋另一角度的代理变量——自然资源储量与经济发展的关系进行实证检验。在自然资源储量与经济发展的回归中，出现了"资源诅咒"问题，资源储量与经济发展回归系数为负，不利于经济发展。在该回归中人力资本投入、制度质量、制造业发展水平、物质资本投入、开放水平、科技创新水平依然对经济发展具有明显的促进作用。

本书按照自然资源的分类，具体考察煤炭资源开发和石油、天然气资源开发对经济发展的作用。可以发现，二者均对经济发展起较大的促进作用，其中，煤炭资源开发的促进作用优于石油、天然气资源。从分类资源开发与经济发展的回归也证明了第四章第一个回归方程结论的稳定性，即自然资源开发对经济发展具有促进作用。

第 六 章

自然资源禀赋对经济发展影响
传导机制的实证研究

按照研究设计，本章将完成以下目标：第一，检验自然资源禀赋对经济发展影响传导机制的作用方向及程度；第二，比较各种传导机制的相对重要性；第三，计算自然资源禀赋对经济发展的直接效应和间接效应，并比较二者的相对重要性。本章要寻找自然资源禀赋对经济发展的传导机制，最终找到地区有效利用资源的途径，将其作为政策建议的基础，同时也是第七章政策启示强有力的依据。

在本章的研究中，自然资源禀赋的代理指标回归自然资源开发，经济发展代理指标依然使用民生与发展指数。本章着重考察自然资源开发对于经济发展的传导机制和直接、间接影响。邵帅等（2008）通过建立和估计各控制变量与自然资源开发的回归模型，实证检验了自然资源开发对经济增长形成制约的传导机制①，本书借鉴该做法，但并非检验自然资源开发通过何种渠道制约经济增长，而是将因变量替换为经济发展，揭示自然资源开发对经济发展有怎样的传导效应及其新特点。

---

① 邵帅，齐中英. 西部地区的能源开发与经济增长——基于"资源诅咒"假说的实证分析［J］. 经济研究，2008（4）：147-160.

第一节 模型设置

一、自然资源禀赋对经济发展影响传导机制可能的路径

如第三章理论基础中所论述的，在国际上对国家间"资源诅咒"传导机制研究主要包括贸易条件恶化、自然资源财政收入波动、人力资本不足、"荷兰病"、投资不足、制度质量差、产权不明确、"寻租"、腐败等，但是并非所有传导机制都在中国省级区域层面成立。本书把国际上公认度较高的"资源诅咒"控制变量进行逐一分析，选取在中国国内省级区域间"资源诅咒"理论下制约经济增长的"资源诅咒"可能传导的途径，通过实证检验其传导机制。

本书从中国实际情况来讨论自然资源禀赋对经济发展可能的影响途径。

1. 讨论教育和人力资本作为自然资源禀赋作用于经济发展传导机制变量的可能性

首先，资源部门扩张并不需要高技术劳动力，这导致政府和个人对教育投资和人力资本的激励不足，而教育是人力资本的基本来源；其次，人力资本存量越高，自然资源开发对教育投入的挤出效应越弱；最后，自然资源开发和人力资本之间存在复杂的双向关系。因此，需要实证检验自然资源禀赋如何通过影响人力资本投入影响经济发展。

2. 中国省级区域的制度质量情况

制度质量低、产权不明晰、"寻租"行为、腐败行为这四个"资源诅咒"传导机制都和制度密切相关，制度学派（Bulte, Damania and Deacon, 2005；Mehlum，Moene and Tovik，2006）指出，决定资源利润分配的制度安排对资源和发展关系的影响最大。国外研究使用的制度代理变量是政府竞争力和法治程度（Rule Flaw），但在中国，省级区域法治程度存在高度同质，取值几乎完全相同，另外，中国没有可以度量政府竞争力的系统指标（Zhang，2006）。无法按国外研究独立制度变量，但处于经济社会转型期的中国，制度影响极有可能对经济发展具有显著作用，不能直接使用国外文献的方法度量制度安排对中国自然资源禀赋与经济发展关系的影响程度，需要寻找更适当的代理变量。本章沿用第五章的制度质量代理变量——企业家活动指数。

3. 讨论中国自然资源开发的"荷兰病"效应

"荷兰病"效应表现为本国货币升值，同时将农业、制造业的资本和劳动力转移进入自然资源部门，最终导致制造业出口下降以及非贸易品成本上升。因为中国各省级区域只有一种货币，所以自然资源价格并不是通过标准的汇率影响经济增长，不需要处理汇率变动。为了检验"荷兰病"效应，需要检验中国各区域自然资源禀赋和制造业增长的关系。中国严格限制不可再生自然资源初级产品出口，同时其经济发展本身也需要大量资源，所以大部分自然资源作为中间投入品用于本国生产，而不是像一般的发展中资源丰裕国家那样把自然资源主要用于出口。但是，中国自然资源丰裕地区相对落后，大量资源初级产品为发达地区所用，产销分离的事实使我国自然资源生产地资源部门的飞地属性[①]仍然显著。所以也需要检验中国各区域自然资源禀赋和制造业增长的关系。

4. 讨论中国省级层面物质资本投资情况

首先，在关于"资源诅咒"传导机制的研究中，自然资源开发容易在挤出其他部门物质资本投入的同时降低资本回报率，是"资源诅咒"主要机制之一。其次，投资是拉动中国经济增长的主要因素之一，而经济增长又是经济发展非常

---

① 自然资源的飞地属性：资源部门与其他部门的前向和后向联系很少，不能刺激其他部门增长。

重要的方面，对经济发展有明显的促进作用，所以本书需要分析物质资本投入如何作用于自然资源禀赋与经济发展的关系。

5. 开放水平对自然资源禀赋影响经济发展传导机理的探讨

为了克服"荷兰病"等问题，自然资源丰裕地区往往会采取措施保护本地产业，但保护政策本身就会产生问题，自然资源丰裕地区为了支持和保护非自然资源产业的经济政策往往反而使被保护产业更落后，成为经济增长缓慢的原因之一。首先，保护政策使某些产业免受国际竞争的不利影响，但一定程度的竞争才能使企业更有效率；其次，制造业因为被保护而缺乏竞争环境，从而抑制了企业创新和企业家活动；最后，保护政策会将自然资源收入从资源部门转移到被保护产业部门，转移过程中容易滋生自然资源部门和公共部门的腐败。上述所有成因都会影响一地的开放水平，进而影响地区经济发展。因此，需要把开放水平作为一个自然资源禀赋影响经济发展进程的传导机制变量加以考虑。

6. 科技创新投入也是自然资源禀赋作用于经济发展的可能路径

熊彼特的创新理论认为，所谓创新就是要建立一种新的生产函数关系，以实现生产要素的重新组合，创新的主体在于企业家，而经济发展就是整个社会不断地实现这种"新组合"的过程。在新增长理论中，技术进步已经成为一个关键的影响因素。但是，对于以丰裕的自然资源作为经济增长主要动力的经济体而言，不需要创新与技术的增长动力，可能通过排斥创新与技术进步形成"资源诅咒"。首先，自然资源型产业内部技术更替周期相对较长，创新活动也不频繁，整体上减少了对创新与技术进步的需求。其次，公共部门激励创新活动、支持技术进步的费用也随着创新与技术进步的需求下降而减少，不仅打击正在进行的创新活动，而且抑制潜在新技术的研发。最后，作为创新主体的企业家同时是一个角逐利益的经济人，如果自然资源部门可以获得更高的利润，将会排斥企业或企业家的创新精神以及活动。因此，需要通过实证检验自然资源禀赋是否如之前学者判断的那样通过阻碍科技创新影响经济发展。

综上分析，本章需考虑的自然资源禀赋对经济发展影响的传导机制所涉及的方面与前两章相关性分析时使用的控制变量一致，代理变量及含义如表6-1所示。

表6-1　传导机制方程各变量含义及代理指标

符号	变量含义	代理指标
Y	全国各省的经济发展状况（DLI）	发展与民生指数
X1	2000年各省人均生产总值	2000GDP/cap
X2	自然资源开发（RD）	人均能源固定资产投资额＝各省每年能源固定资产投资额/年末常住人口数
X3	人力资本存量（RC）	各省教育投入经费/各省 GDP
X4	制度变量（SY）	企业家活动指数＝（私营企业投资者就业人数＋个体投资者就业人数）/地区年末常住人口数
X5	制造业发展状况（MI）	各省工业增加值/各省 GDP
X6	物质资本投入（MC）	各省的全社会固定资产投资/各省 GDP
X7	开放水平（OPE）	各省进出口贸易额/GDP
X8	科技创新水平（ST）	每万人专利技术申请量＝各省专利技术申请量/地区年末常住人口数×10000

二、基本模型

分析了自然资源禀赋作用于经济发展可能的原因之后，这里给出检验传导机制的基本模型：

$$Z^i = \beta_0 + \beta_1 NR^i + \varepsilon^i \tag{6-1}$$

其中，Z^i 代表自然资源间接作用于经济发展的代理变量，包括物质资本投资、人力资本、制造业规模、科技创新水平、制度质量、地区开放程度。为了检验传导机制稳定性，本书还使用包括初始收入水平的另两个具体形式：

$$Z^i = \eta_0 + \eta_1 (2000GDP/cap)^i + \eta_2 NR^i + \varepsilon^i \tag{6-2}$$

$$Z^i = \gamma_0 + \gamma_1 (2000GDP/cap)^i + \gamma_2 NR^i + \gamma_3 \tilde{Z} + \varepsilon^i \tag{6-3}$$

其中，$\tilde{Z}$ 表示除 Z^i 之外的其他 Z 变量。

除以上对传导机制直接和间接效应的检验外，本书还将估计不同传导机制在分析自然资源禀赋的间接作用时的相对重要性。

另外，将式（6-1）代入式（4-1），计算自然资源禀赋直接和间接收入效应的方程如下：

$$Y^i = (\alpha_0 + \alpha_3\beta_0) + \alpha_1 Y_0^i + (\alpha_2 + \alpha_3\beta_1) NR^i + \alpha_3\varepsilon^i + \mu^i \tag{6-4}$$

在方程（6-4）中，α_2 是自然资源禀赋对经济发展的直接效应，$\alpha_3\beta_1$ 是自然资源禀赋对经济发展的间接效应。

第二节　自然资源禀赋对传导变量的直接影响

一、基础回归

按式（6-1）分别对自然资源禀赋与人力资本存量（RC）、制度变量（SY）、制造业发展状况（MI）、物质资本投入（MC）、开放水平（OPE）、科技创新水平（ST）做回归，结果如表6-2所示。

表6-2　自然资源禀赋对传导变量直接影响的回归结果（1）

变量方程 影响系数	RC（39）	SY（40）	MI（41）	MC（42）	OPE（43）	ST（44）
C	0.413518	0.044360	0.397370	0.430534	0.357579	5.150602
	(122.9547***)	(61.79760***)	(166.8635***)	(56.37538***)	(171.2575***)	(35.14322***)
NR	-8.161110	0.095877	0.101117	0.919483	-0.087266	10.32374
	(-8.161110***)	(27.78528***)	(7.730452***)	(21.16366***)	(-7.900369***)	(12.90672***)
R^2	0.956656	0.872119	0.870610	0.898166	0.953271	0.674407
AR^2	0.952306	0.859287	0.857626	0.887948	0.948581	0.641735
N	406	406	406	406	406	406

注：括号中为各个变量系数的 T-统计量，"***""**""*"分别表示在1%、5%、10%的水平上显著。（33）～（38）分别表示以不同社会经济变量作为因变量进行回归所得到的回归方程。

由回归结果可得，自然资源禀赋对所有可能的传导机制变量影响的可决系数和修正后的可决系数总体效果良好，除科技创新水平外全部高于85%，拟合优度较好。科技创新水平的可决系数也大于65%，结果可用，但解释能力较之其他变量较弱。所有回归结果均在1%的水平上显著。

自然资源禀赋对于人力资本存量和开放水平有阻碍作用，影响系数分别为−8.161110和−0.087266，即人均能源固定资产投资额每上升1个单位仅会引起进出口贸易额占GDP的比重下降0.087266个单位，引起教育投入经费在GDP中的比重下降8.161110个单位，对教育经费投入具有较为明显的挤出效应。自然资源禀赋对制度变量、制造业发展状况、物质资本投入、科技创新水平均有明显的促进作用，影响系数分别为0.095877、0.101117、0.919483、10.32374。

二、稳定性检验

1. 加入初始人均国内生产总值的稳定性检验

为了检验回归结果的稳定性，笔者按照式（6-2）进行回归，即加入初始人均国内生产总值变量作为解释变量，判断收入水平对各传导变量的影响，回归结果如表6-3所示。

表6-3　自然资源禀赋对传导变量直接影响的回归结果（2）

变量方程 影响系数	RC（45）	SY（46）	MI（47）	MC（48）	OPE（49）	ST（50）
C	0.447520	−0.046269	0.441543	0.094165	0.428341	−34.61168
	(61.57830***)	(−8.520954***)	(39.74767***)	(2.815545***)	(16.73515***)	(−23.87934***)
2000GDP/cap	−3.73E−06	9.60E−06	−4.91E−06	3.61E−05	−7.42E−06	0.004203
	(−5.145582***)	(16.65351***)	(−4.012200***)	(10.05787***)	(−2.793956***)	(27.80862***)
NR	−0.128085	0.046381	0.139887	0.707833	−0.052987	−10.91639
	(−6.642749***)	(9.372479***)	(8.304872***)	(14.37041***)	(−3.810702***)	(−11.89029***)

续表

变量方程 影响系数	RC (45)	SY (46)	MI (47)	MC (48)	OPE (49)	ST (50)
R^2	0.954290	0.909335	0.891260	0.829405	0.959591	0.905324
AR^2	0.949528	0.899890	0.879933	0.811635	0.955382	0.895462
N	406	406	406	406	406	406

注：括号中为各个变量系数的 T – 统计量，"＊＊＊""＊＊""＊"分别表示在 1%、5%、10% 的水平上显著。（33）～（38）分别表示以不同社会经济变量作为因变量进行回归所得到的回归方程。

由表 6 – 3 我们发现，加入初始人均国内生产总值后，其与各传导变量均在 1% 的水平上显著相关，说明初始值与各传导变量有关，回归结果与基础回归相比资源禀赋与制度变量、制造业水平和物质资本投入关系不变，依然为正相关，影响系数分别为 0.046381、0.139887、0.707833，与之前的回归结果比较较为稳定。自然资源禀赋与人力资本水平和开放水平的负相关关系也没有变化，影响系数为 – 0.128085、 – 0.052987，可以看出自然资源开发对人力资本水平的阻碍作用明显降低。变化最为显著的是资源对科技创新的影响，在加入初始人均国内生产总值后，资源对科技创新的影响由正变负，影响系数为 – 10.91639，修正后的可决系数为 0.895462，优于前次回归。可见在加入初始人均值后自然资源开发对科技创新投入具有挤出效应，影响程度很大。

2. 加入所有传导机制变量的稳定性检验

由于基础回归与加入初始人均国内生产总值后回归结果不一致，本书采用式（6 – 3）进行再次的稳定性检验，从而确定自然资源禀赋对传导变量的作用方向，在本次回归中，除被解释的传导机制变量外，其他传导机制变量均作为控制变量引入方程，具体回归结果如表 6 – 4 所示。

表6－4　自然资源禀赋对传导变量直接影响的回归结果（3）

变量方程 影响系数	RC（51）	SY（52）	MI（53）	MC（54）	OPE（55）	ST（56）
C	0.463716	−0.008751	0.318807	−0.265769	0.345813	−18.67436
	（15.34465＊＊＊）	（−1.459313）	（14.11646＊＊＊）	（−3.265089＊＊＊）	（9.676159＊＊＊）	（−10.92482＊＊＊）
2000GDP/cap	1.01E−06	3.48E−06	−3.30E−08	1.15E−05	−1.21E−05	0.003500
	0.695924	（5.947416＊＊＊）	（−0.022511）	（1.916211＊）	（−2.422338＊＊）	（17.35341＊＊＊）
NR	−0.128754	0.015953	0.036104	0.556599	−0.102649	−9.983118
	（−5.166016＊＊＊）	（2.626328＊＊＊）	（1.985576＊＊）	（10.08569＊＊＊）	（−5.045034＊＊＊）	（−9.865919＊＊＊）
RC	—	−0.035854	0.001412	0.387241	−0.003950	−6.006635
	—	（−4.952941＊＊＊）	（0.039508）	（3.991735＊＊＊）	（−0.133501）	（−3.954533＊＊＊）
SY	−0.774383	—	0.246520	3.629093	0.391528	54.30042
	（−5.019966＊＊＊）	—	（2.291936＊＊）	（12.24605＊＊＊）	（2.265326＊＊）	（4.898778＊＊＊）
MI	−0.150479	0.016250	—	0.782818	0.267340	−17.04039
	（−2.188053＊＊）	（1.434205）	—	（6.125932＊＊＊）	（5.625771＊＊＊）	（−6.917107＊＊＊）
MC	0.080204	0.041585	0.095180	—	0.030289	−2.622625
	（3.923621＊＊＊）	（11.41229＊＊＊）	（6.618887＊＊＊）	—	（1.869817＊）	（−2.704438＊＊＊）
OPE	0.000904	0.023060	0.078858	−0.122308	—	−3.526807
	（0.075626）	（4.017260＊＊＊）	（8.398801＊＊＊）	（−2.988979＊＊）	—	（−1.838966＊）
ST	−0.000434	0.000797	−0.001190	−0.001876	−0.001671	—
	（−1.607215）	（10.22753＊＊＊）	（−8.920493＊＊＊）	（−3.079612＊＊）	（−2.300379＊＊）	—
R^2	0.961384	0.941045	0.928063	0.857938	0.955886	0.908039
AR^2	0.956608	0.933754	0.919166	0.840369	0.950430	0.896665
N	406	406	406	406	406	406

注：括号中为各个变量系数的T－统计量，"＊＊＊""＊＊""＊"分别表示在1%、5%、10%的水平上显著。（33）～（38）分别表示以不同社会经济变量作为因变量进行回归所得到的回归方程。

由表6－4回归结果看，在加入其他传导机制变量作为控制变量进行的回归中，自然资源禀赋对各传导机制变量的影响在5%的水平上显著，可决系数均大于85%，拟合优度较好。回归结果显示，在加入控制变量后自然资源禀赋依然促进制度变量、制造业水平和物质资本投入，影响系数为0.015953、0.036104、0.556599，对人力资本水平、开放水平和科技创新水平具有阻碍作用，影响系数分别为−0.128754、−0.102649、−9.983118，与加入初始人均国内生产总值的回归结果一致，结果稳定。本书对自然资源与各传导机制变量回归的研究以表6－4结果为准。

第三节 自然资源禀赋对经济发展的直接、间接影响

由式（6－4）可知，α_2 表示资源禀赋对经济发展所产生的"直接效应"，$\alpha_3\beta_1$ 表示自然资源禀赋对经济发展所产生的"间接效应"，μ^i 是方程（6－1）中的各个方程的残差，即传导机制变量中没有受到自然资源禀赋影响的成分对经济发展所产生的部分影响。下面将表4－8和表6－4中的回归结果结合起来，按照式（6－4）来综合分析自种传导机制变量的影响以及由此对经济发展的"间接影响"，其数值大小如表6－5所示。

表6－5 自然资源禀赋对经济发展的直接、间接影响

影响\变量	直接影响系数 α_2	间接影响			正面影响总和	负面影响总和	正影响贡献率（％）	负影响贡献率（％）
		α_3	β_1	$\alpha_3 \times \beta_1$				
NR	4. 2649						27. 32	
RC		3. 901	－ 0. 128754	－ 0. 50227				20. 39
SY		99. 6877	0. 015953	1. 590318			10. 19	
MI		22. 2333	0. 036104	0. 802711			5. 14	
MC		16. 0805	0. 556599	8. 95039			57. 34	
OPE		3. 1978	－ 0. 102649	－ 0. 32825				13. 32
ST		0. 1636	－ 9. 983118	－ 1. 63324				66. 29
总和					15. 60832	－ 2. 46376	100	100

从表6－5可以看出，自然资源禀赋对经济发展所产生正面影响为15.60832，而对经济发展所产生负面影响为－2.46376，阻碍作用相对较小，而促进作用十

分明显，这就很清楚地体现出自然资源禀赋在社会生产中既是一种"财富"，也是一种"诅咒"。自然资源作为一种生产要素从本质上会对社会经济发展产生积极的影响，是一种"财富"。但是，由于人为的因素干预，使自然资源会对其他传导机制变量产生负面影响，从而对经济发展产生阻碍作用，所以如果自然资源没有得到很好的利用，就会成为一种"诅咒"。

一、自然资源禀赋对经济发展的正面影响

从表 6 - 5 的结果可以看出，自然资源禀赋对经济发展的促进作用体现在资源开发的直接影响、对制度质量、制造业发展水平、物质资本投入水平四个方面，影响系数分别为 4.2649、1.590318、0.802711、8.95039，对促进经济发展所做的贡献分别为 27.32%、10.19%、5.14%、57.34%。由此可见，自然资源开发通过促进物质资本投入促进经济发展的作用最为明显。另外，自然资源开发本身直接引起经济发展的贡献也占到了 27.32%，其并不"诅咒"经济发展，这与自然资源开发与经济增长相关关系的研究结果并不一致。

二、自然资源禀赋对经济发展的负面影响

自然资源开发本身并不阻碍经济的发展，但通过对部分传导变量的影响会对经济发展带来负面影响。从自然资源禀赋对不同的传导制度变量产生负面影响的比较来看，依次是科技创新水平、人力资本水平以及开放程度，影响系数分别为 -1.63324、-0.50227、-0.32825。对科技创新水平的阻碍是最重要的负面影响传导机制，自然资源禀赋影响科技创新水平变化，从而对经济发展产生负面影响，在总的负面影响中所占的比重为 66.29%；其次是人力资本水平，其所占比重为 20.39%；最后是该地区科技创新水平，其所占比重为 13.32%。

第四节 本章小结

本章主要研究了自然资源禀赋对经济发展影响的传导机理。在第四章通过实证检验证明自然资源禀赋对经济发展具有促进作用的基础上，本章具体研究了促进作用的过程。

通过基础回归对自然资源禀赋与经过对"资源诅咒"传导机制研究而挑选出的可能传导变量：人力资本存量（RC）、制度质量（SY）、制造业发展状况（MI）、物质资本投入（MC）、开放水平（OPE）、科技创新水平（ST）进行了检验，结果发现，自然资源禀赋与制度质量、制造业发展状况、物质资本投入及科技创新水平正相关，与人力资本存量、开放水平负相关，但科技创新水平可决系数偏小。

为探讨稳定的研究结果，本章进而选择加入初始人均国内生产总值的回归方程和加入所有除考察变量之外的其他传导机制变量作为控制变量的回归方程，检验结果显示，其他传导变量相关性不变，只有科技创新水平变量相关性发生变化，由正相关变为负相关。综合前人已有回归模型和本章三次回归结果，本书认同最后一次回归，赞同自然资源禀赋对制度质量、制造业发展状况、物质资本投入具有促进作用，对人力资本存量、开放水平负相关、科技创新水平具有阻碍作用。

通过对第四章及本章回归系数的分析和计算，本章在自然资源禀赋对经济发展的具体传导机制中得出自然资源开发对经济发展的促进作用，依次通过对物质资本投入、资源开发本身、制度质量、制造业发展水平得以实现的结论，其中自然资源开发促进物质资本投入和资源开发投入本身对经济发展的促进作用十分巨大；自然资源开发对经济发展的阻碍作用依次通过对科技创新水平、人力资本水平以及开放程度的阻碍得以实现，其中最重要的阻碍在于自然资源开发造成的对科技创新投入的挤出以及对教育投入的挤出。

第七章

研究结论及政策建议

第一节　研究结论

一、本书结论

本书在对国内外自然资源禀赋与经济发展相关研究文献回顾的基础上，以我国大陆地区除西藏、海南之外 29 个省（市、区）2000～2013 年的面板数据为研究样本，就自然资源禀赋对经济发展影响方向及传导机制进行了实证检验，得到如下结论：

第一，从对研究样本实证检验的结果来看，在自然资源禀赋与经济发展的相关关系中，"资源诅咒"假说在我国省级层面并不成立，即自然资源开发没有阻碍经济发展，而是对经济发展起到了显著的促进作用；自然资源禀赋与经济增长关系的实证检验结果与国内多数学者研究结果一致，即存在"资源诅咒"现象。因此可以说，自然资源禀赋阻碍经济增长但并不阻碍经济发展，因经济增长只是经济发展中的一个方面，故上述结论并不矛盾。对经济发展产生"诅咒效应"的是自然资源储量，虽然自然资源储量对经济发展的影响系数并不巨大，仅为 -0.003621，但影响方向为负，即自然资源储量越大的地区经济发展越容易滞后，这与我国自然资源蕴藏的地理分布有关，资源分布集中于边疆少数民族和西部地区，而这些区域的经济发展落后的原因更多地与非资源因素有着密切的关系，因此自然资源富集区域如何选择发展路径，利用好资源优势显得尤为重要。

从解释变量与控制变量的回归系数的比较来看，自然资源开发对经济发展的带动作用非常明显。这个结论与支持"资源诅咒"假说成立的观点不同，与"资源开发与经济增长相关性不显著"的观点也存在差别。近年来，我国自然资源开发与经济发展呈现显著的正相关关系，这也是我国经济发展的一个新特点。

第二，在本书对分类自然资源——煤炭及石油天然气开发分别进行与经济发展的回归后，可以看到煤炭资源开发对经济发展的促进作用高于石油、天然气资源，这一结论也与之前学者的观点不一致。产生这一结论的原因，一方面由于面板数据研究期间正好是我国煤炭开采大力发展时期，依靠煤炭开发为许多煤炭富集地区带来了巨大的经济收益，并产生了正向的连带效应，拉动了经济发展；另一方面由于 2000 年之后我国煤炭行业经过整合洗牌，进行运营的基本都为大型国有企业，企业发展门槛较高，对技术创新、人力资本的投入都有较高的要求，进而对经济发展产生较高的正向影响。

第三，自然资源开发对我国经济发展的正向影响主要表现在通过物质资本投入影响经济发展和对资源开发投入的直接作用上面。长期以来，物质资本投入一直是我国经济增长的主要推动力，邵帅等（2008）的实证研究也得出了物质资本投入是促进经济增长重要因素的结论。通过本书的实证研究，物质资本投入也是经济发展的主要推动力。另外，自然资源开发本身对经济发展的促进作用也非常明显。

第四，在本书结果中我们看到，自然资源开发与人力资本水平、科技创新水平形成了较为显著的负相关关系，影响较大，说明自然资源开发还是会挤出社会对人力资本及科技创新的投入，这是需要特别注意的问题。另外，自然资源开发会对开放水平造成一定的负面影响。在这里需要着重指出，本书的研究虽然说明了自然资源的开发利用并不是制约经济发展的"诅咒",但是也绝对不可将其视为完美无缺的"福利",自然资源开发造成的对人力资本投入、科技创新投入的阻碍都会成为经济发展的掣肘,因为根据新经济增长理论所述,这二者正是经济持续发展的重要因素。

二、关于结论的说明

本书结论中自然资源开发与经济发展正相关的结果与"资源诅咒"命题并不相符,煤炭资源开发及石油、天然气资源开发促进经济发展的结论也与"资源诅咒"命题相悖。因此,本书的研究在某种程度上对"资源诅咒"进行了证伪,这与前人利用省级数据得出的结果存在较大差异。但不能仅凭本书的研究结果,就说推翻了"资源诅咒"命题,其原因主要有三个:

首先,"资源诅咒"命题起始于国际比较,以各国资源禀赋与经济增长的研究为起点,并且"资源诅咒"产生机理及其现象在国际层面上也确实具有一定的道理。例如,过度依赖资源出口导致汇率浮动会对制造业投入造成挤出,资源丰裕国家或经济体的经济结构因资源开发而比较单一,调整较为困难,由于抢夺丰裕资源导致的战乱频发、制度弱化、环境恶化等现象都是对"资源诅咒"命题有力的解释。而对于一个大国国内的区域数据,这些影响传导机制发挥作用的空间就会相对较小。在中国国内省级层面,自然资源丰裕地区的发展对汇率的影响可以忽略不计;不同省级地区的制度质量差异虽然也存在,但远没有国家之间制度质量差异明显;自然资源丰裕地区在新中国成立后也并不存在战乱影响,在一国内部劳动力和资本在区域间的流动性大大强于国际的流动性,这一优势可能会给经济结构的转型带来一定的便利,这些因素会在一定程度上弱化"资源诅咒"的效果。

其次,自然资源禀赋与经济发展的关系呈现出了多样性的特征,这与地理空间、地理条件上的社会及经济特征密切相关,这点与"资源诅咒"条件相类似,但本书在这里想强调的是自然资源禀赋对经济发展的影响在不同的研究中有其特性，也有其共性。特性在于自然资源禀赋对经济发展的影响既有直接影响也有间接影响，间接影响受其他传导机制变量的作用，具有一定的被动性，不同的研究所选取的传导机制变量不同，就会导致研究结果的不同；研究的共性在于同其他要素一样，自然资源禀赋仅仅是经济发展驱动因素之一，具有一定的流动性和变化性。

最后，对于"资源诅咒"的检验来说，本书的研究也存在一定的局限性。第一，研究的时间段较短，仅研究了2000～2013年的数据，并且该时段正好处于"自然资源繁荣期"——以能源为主的自然资源价格放开为自然资源丰裕地区带来了直接的经济收益，加之我国1999年西部大开发、2003年振兴东北老工业基地等发展战略的政策倾斜，使西部、东北地区经济增长、社会整体发展水平等都有较快的提升，而西部地区和东北地区又是我国最主要的能源富集地区，因此可能对回归结果产生影响；第二，限于数据的可得性，本书对自然资源禀赋以及传导机制变量只能选取一个方面寻找代理指标，例如，人力资源水平用教育财政支出/GDP并不是度量一个地区政府教育水平的完美指标，因为教育公共支出的属性为供给导向，衡量教育水平的质量一般，所以常常不能完全说明效率、平等和增长。因此对自然资源禀赋和经济发展的关系需要在漫长的经济发展过程中用更精确的度量指标做更深入的研究。

本书的研究虽然还存在诸多不足，但笔者认为，本书研究所选取数据的时间序列反映出自然资源禀赋与经济发展在最近十几年相关关系的趋势，随着我国对自然资源开发的重视，制度的日益完善，二者相关关系在今后的发展趋势中具有方向指向的意义。

第二节　政策建议

由本书自然资源开发与经济发展正相关的结论，我们并不能对自然资源开发放心、放任；而由本书关于自然资源储量与经济发展的负相关关系可知，对我国许多自然资源蕴藏丰富的地区，特别是对中西部地区的自然资源开发至关重要。如何克服自然资源开发对经济增长的"资源诅咒"效应，使"资源诅咒"变为"资源红利"对我国众多地区意义深远。在开发自然资源以支持经济平衡发展的同时，应将自然资源开发积累的物质和资金通过积极的政策引导尽可能地投入教育、基础设施建设、制造业、高新技术产业发展等领域，特别是在针对自然资源开发不利于科技创新水平提高的结论下，应当加强对科技创新政策的扶持和对科技创新投入的倾斜，尽快提升新经济增长理论中对经济发展起推动作用的经济要素的比例，为单纯的经济增长转变为经济的集约化、高质量、可持续发展创造条件，同时提高科技创新水平、人力资本水平对经济发展的贡献。针对当前国内外的自然资源市场现状，具体政策建议如下：

一、制度层面

1. 明确自然资源禀赋的约束性特征

由本书结论可以看出，自然资源禀赋与经济发展呈现出正相关的特征，在经济发展中并没有产生所谓的"资源诅咒"现象。这说明自然资源的开发对各地区经济发展具有十分重要的作用。但我们都知道，煤炭、石油、天然气以及各种矿产资源是难以再生的，随着各地大力发展经济，对自然资源的开发力度增大，自然资源丰裕地区的资源衰竭必然加速，其经济发展的资源驱动作用将随着资源的开采而呈现出衰减趋势。

随着我国经济发展的进一步深化，自然资源产量和消耗量缺口呈现出不断扩大的趋势，我国已成为自然资源进口大国，自然资源对经济发展的约束性体现越来越明显，呈现出不断增强的趋势。因此在制度层面，政府应更加重视自然资源禀赋对经济发展约束性的增强，制定适当的国家自然资源发展战略以及自然资源丰裕地区的资源型经济体转型战略。

2. 明晰产权，强化自然资源开发的制度建设

我国自然资源丰裕地区由于资源禀赋和宏观经济发展战略的要求，决定了这些区域在较长的一段时期内需要由自然资源开发带动区域经济发展，但我国的传统自然资源产权制度制约自然资源作为一种资产在地区之间的自由流动和优化配置。目前我国的市场化程度和制度背景，对自然资源产权变革有着强烈的制度需求，但却不具备自发形成产权制度演化的推动力，作为强制性制度变迁的供给者，政府必须推动自然资源产权制度改革。从市场化水平看，自然资源及其产品比其他要素和产品明显偏低，造成自然资源开发产生了一定程度的公共物品的属性，自然资源开发的收益并不能反映其真正价值，其利益损失导致开发资金不足，国有企业的资金不足可以靠财政补贴，而其他主体开发资金不足的结果只有加剧对自然资源的开采程度，使整个自然资源产业结构的重心固化在资源开采和初级产品加工上，创新技术与人力资本投入得不到重视，形成负向反馈，许多自然资源丰裕产业结构固化的制度性原因正在于此。另外，尽管我国有关法律、法规原则性地规定了自然资源使用权的租赁、转让等形式，但却没有明确自然资源的产权界定以及如何进行产权界定的可操作性的实施办法，使其很难建立起完备成熟的自然资源交易市场。因此，应当全面加强自然资源制度建设和管理。

许多西方国家在自然资源开发管理中的做法值得我们借鉴。首先，有西方国家将自然资源作为商品或资产进行管理，例如，在澳大利亚许多自然资源归国有，但国有资源企业对资源的处置（包括转让、租赁）均为有偿的，而且需要中介机构评估，只有在中介机构评估基础上，才能采取市场竞价方式转让，从而维护了自然资源的国家权利收益。再如，在自然资源产权的规定中，美国的宪法以法律的形式规定美国国土资源（包括土地、森林、海洋、矿产等）其所有权产权分别属于联邦政府、地方政府和私人等主体，十分明晰。各州会对部分自然资源拥有独立的管理权，而在我国自然资源的管理审批权并不在地方政府手中。除此之外，加拿大采用招标和投标制度来管理自然资源，每一次招、投标都必须请专门的评估机构和律师进行详细研究，把评估报告作为出价依据，企业或个人

中标必须在规定的期限内交清款项后，才具有自然资源的使用权。

参考西方国家自然资源管理办法，来解决我国自然资源管理中存在的由于产权不明晰而造成的非法使用资源或低效使用资源问题，最根本的做法是对自然资源的产权制度明晰化，创新政府审批制度，把自然资源作为一种与其他经济发展要素相同的资产，通过市场化的方式引入招投标制度，引导对自然资源的合理开发使用，通过提高自然资源利用率，保障国家的权益性收益，减少政府的"寻租"行为，同时也增加了各级地方政府的权益性收益。以上所述为短期内提高自然资源使用效率的方法，若要彻底改变我国目前对自然资源的非法占用和使用现象，则需要从政府审批制度和产权公有化制度方面加以改革，收益权与控制权相对应，唯有如此才能真正杜绝自然资源的滥用现象。我们可以首先将自然资源进行分类，按照自然资源特性将其分为准公共类资源（例如，水资源、土地资源）和准私人类资源（例如，矿产类资源），对每一类资源的所有权主体进行产权明晰的界定，使产权主体享有应得的权力和收益，同时也应承担使用该自然资源的责任。自然资源的所有者、使用者之间应形成以法律约束为前提的内在经济约束机制。可以在某些自然资源丰裕且制度质量相对较好的地区进行试点试验，通过市场方式将一部分自然资源控制权转让给企业，试点成功后可以向更大范围推广。这种被推广的自然资源产权清晰界定既可以提高容易界定产权的自然资源的使用效率，也可以保证国家及地区政府的收益，同时能有效杜绝政府公职人员的"寻租"行为，可以将其作为一种有益尝试加以实施。

3. 加强技术创新的动力机制，集约开发与利用自然资源

集约开发与利用自然资源，是提高资源使用效率和有效利用自然资源的有益途径。在自然资源的集约开发与利用中，技术创新至关重要。所谓技术创新动力机制是指技术创新主体与其所在社会系统的其他要素具有相互作用和联系而产生的对技术创新方法和方式进行驱动的总和。这一驱动一般会受社会发展水平、技术水平的制约，需要国家科研机构的科学研究以及技术发明为集约开发、利用自然资源提供驱动力，除此之外，也可以进行以下尝试：

（1）从市场需求制度的建设入手，增强自然资源集约开发、利用的技术创新。市场经济中企业技术创新的动力机制来源于市场激励，一般通过市场体系要素、市场结构、竞争以及市场规则来进行。实现自然资源集约开发、利用技术创新机制的动力增强，首先，需要引入竞争，逐步消除行业垄断，例如，我国的石油、电力等行业垄断程度很高，垄断价格的制定忽略了生产成本，使资源开发与利用效率低下，需要进行改革；其次，需要完善自然资源价格的形成机制，在完善的市场经济中，价格是调节经济主体决策非常有效的因素，只有制定合理的自然资源价格，才能使企业制定合理完善的资金投入、科研技术投入、自然资源投入的最优比例。我国在新中国成立后漫长的生产过程中，一直把自然资源作为一种易得要素，实行国家的统一调拨使用，造成自然资源低价或无价的错觉，其价格远低于价值，使用者由于其易得性在使用中利用率不足，完全不能体现自然资源的稀缺属性。进入 21 世纪之后，自然资源定价开始有所变化，但是从自然资源的稀缺属性，特别是不可再生资源的稀缺性而言，目前的自然资源定价制度依然有待完善。

（2）需要由政府主导，增强自然资源集约开发、利用技术创新的促进机制。政府可以使用非市场的手段，例如，通过法律法规、政策要求安排对自然资源开发利用的技术创新工作，使之具有导向作用和诱发效应。由此消除企业对技术创新投入的犹豫或不确定性，加快科技创新成果转化为现实生产力的速度。在增加自然资源集约开发、利用的进程中，首先，需要完善资源税费。资源税的征收直接影响自然资源产品定价，通过税费调节可以使自然资源产品价格更加接近其真实价值，特别是对不可再生资源能体现其稀缺性与不可再生性。其次，对技术创新政策和技术标准的执行要加以重视和强化，对关键技术研发、产业基地示范等环节加大投入力度。另外，对科技节能的技术瓶颈要加以重视，对重大节约自然资源综合工程加大投入与政策倾斜扶持力度，例如，石油资源的节约与替代研发、节煤工业锅炉的设计使用、废弃物资源转化再利用、"三废"的综合利用、资源系统优化、工业与民用建筑的能源节约、可再生资源的回收利用等工程。

二、行业层面

1. 进行自然资源行业产业结构优化升级

产业结构的优化升级是产业结构合理化和高度化的有机统一，即在现有技术的基础上实现的产业之间的协调，并且由制造初级产品的产业占较大比重逐步向制造中间产品、最终产品的产业占较大比重演进。具体到自然资源产业，应打破资源产业单一发展、强化资源的格局，促进产业层次递进式发展、产业关联式演进、弥补产业缺口，提高产业的支撑、升级、重组能力，提高自然资源生产率和使用率，实现产业结构多元化、层次化、合理化，促进自然资源丰裕经济体转型和结构优化。对自然资源行业进行产业结构优化升级是我国自然资源丰裕，但经济相对落后地区经济发展的重要途径。自然资源丰裕地区产业结构调整的过程应立足于本地区的比较优势，在优势区域和优势行业内重点培育市场竞争力，在产业结构的设计中不能只依靠对自然资源开采作为导向，在资源开采的同时更要把资源开发与其下游制造业的生产结合起来，从资源开采收益中拨付相当比例的资金用于制造业、高新技术产业以及人力资本储备的投入，同时应构建多样化产业结构，逐步完善制度体制，大力吸引外资，实施开放型的出口导向贸易政策，培养和扶持民营主体在自然资源开发行业中的成长，以提高行业竞争力与效率。

2. 抓住目前国际大宗商品供给大于需求的机会，在有利条件下多进口自然资源产品，以减少国内资源消耗

国际上对自然资源开发问题的观点分歧较大，其中一种极端的主张："将自然资源完全保留于地下。"该观点看似十分极端，甚至都不能被看作是一种严肃的政策建议，但该观点的倡导者"牛津饥荒救济委员会"[①] 提出：必须对自然资

---

① 牛津饥荒救济委员会（Oxfam），建于 1942 年，现改名为"牛津赈灾会"。

源开发的速度和产生的社会、经济后果进行全面仔细的衡量。若按照古典经济学、传统的项目经济学观点，对自然资源开发加快速度符合效率原则，因为一方面自然资源作为经济发展的必需要素进行的大量开采可以提高经济发展速度；另一方面如果对已探明的自然资源放缓开发速度或干脆不进行开发，会降低自然资源的现值。只有在资源价格随时间而增长的前提下，资源所有者才可预期资源作为一种资本其收益会随之增加。若自然资源收益率等于其作为财产的利率，其所有者对将自然资源保持于地下，还是进行开采这两种行为的选择就没有偏好，自然资源开采将会以最优速度消耗。

但是若考虑"资源诅咒"假说的结论，对自然资源进行集中开发和出口会使国民经济变得十分脆弱。如果将自然资源保存于地下或减缓开发速度反而会使一国或地区有更多的时间和计划调节因自然资源开发而带来的收入流。众所周知，缓慢而稳定的收入流比快速而巨大的收入流对国民经济发展更为有利，更利于管理，也不容易急剧引起制度的弱化，与之相应的"荷兰病"也将减轻，自然资源开发引起的转移和挤出效应会变得轻微。

但在短期巨额的利润面前，如何说服自然资源所有者和投资者延缓资源开采速度并不容易，需要自然资源所有者（在我国目前多为国有）与资源开发投资者及生产者进行协调。

对于我国巨大的资源需求而言，拒绝开发显然不够现实，但自 2007 年国际金融危机爆发以来，大宗商品出现供给大于需求的现象，2014 年我国大宗商品进口价格普遍下跌，其中原油进口平均价格下跌 6.1%，煤炭进口平均价格下跌 15.2%，成品油进口平均价格下跌 4.6%。在这样的国际环境之下，我国可以吸取上述观点思想，尽量在有利的条件下进口能源产品，以减少国内能源消耗。

3. 全面放开自然资源产品的价格管制

煤炭、石油、天然气等能源资源既是居民生活的必需品，也是工业生产的基础，经济发展的"血液"。此类产品的供给不仅影响着社会经济的持续发展，也对社会稳定起着重要作用。能源资源产品在工业生产中还具有规模报酬递增的特性，加之在社会生活中的基础地位导致此类产品在我国目前多处于垄断市场状态，政府对其开发具有极强的监管控制。在这样的背景下，我国的自然资源产品价格多为政府直接定价或指导性定价，产品的真正价值不能够完全体现。如何发挥自然资源在经济发展中的作用，体现其真正价值，本书有以下几点建议：

（1）对自然资源产品的定价应该遵循市场定价原则。对自然资源产品价格改革坚持市场化导向，使市场拥有资源定价的决定权。政府在其中只应起到宏观指导作用，在供给总量和宏观调配上做出指导性建议，但不应参与产品的具体定价，定价应该由其真实价值、市场供求关系、资源稀缺程度来决定，使价格能够真实反映供需状况，最终实现资源的最优配置。此外，价格的市场化进程中应建立有效的"开发者保护、污染者补偿、破坏者恢复"的定价与补偿机制，以期引导市场中自然资源所有者、使用者建立自觉保护资源的意识。

（2）对于在自然资源开发前期需要投入大型设备，开发中存在规模报酬递增的自然资源产品，大多会存在一定程度的垄断，因此需要监管者对自然资源产品的生产成本和利润进行相对准确的监测，从而为政府建立定价浮动机制提供依据。这里所说的进行政府定价浮动机制不是推翻上述对策中市场定价的原则，与之相反，正是为了真正体现准确的市场定价机制。在监管部门能力范围内，尽量以各种途径取得准确的信息，以预估市场最优价格，以此作为依据进行浮动价格的制定监管，保证自然资源开发主体不会因垄断而制定偏离最优价格太远的使用价格，这一最优价格标准应兼顾资源开发利用中的开发成本、社会成本以及环境成本，从而起到预防和补偿生态环境破坏的作用。

（3）自然资源产品的价格应该对生态环境治理产生更为有效的补偿作用。自然资源涵盖的种类极其丰富，针对不同种类的自然资源产品应制定灵活多变的定价策略和规制方法，同时还应与相应的财政税收制度配套。在资源定价与规制方法的配合使用中，不同种类的自然资源产品按照其在国民经济中的重要程度和其价格形成机制的不同，定价策略也应有所区分。例如，目前我国电力价格的浮动定价策略就有值得借鉴的可取之处，针对不同的电力消费主体电力生产企业制定不同的用电价格，居民生活用电价格低于工业用电价格，因居民用电一方面关系民生关乎社会稳定，另一方面从国家统计来看，居民用电量远低于工业用电消耗，因此给居民生活用电制定较低价格更为合理；再如，阶梯电价的制定，在某一规定用电阈值范围之内，制定相对较低的用电价格，当用电量超出这一阈值，单位用电价格也会相应上涨，这样可以鼓励自然资源使用者节约用电。目前我国已经对许多自然资源产品采用浮动定价模式，还可以在煤炭、石油、天然气等资源的产品定价中借鉴这一模式。另外，需要在自然资源的财税制度方面进行改革，逐步建立与自然资源产品定价机制相配套的财税政策，在市场价格有效时，依据市场价格进行定价，也是自然资源合理配置的有效手段，但当遇到市场失灵时，有效的财税政策能够起补充作用，达到合理配置资源的效果。例如，可以制定较高的污染企业税率，对采用节能技术的企业给予更高的财政补贴或者税费减免，从而达到抑制高污染企业自然资源消耗量，使其承担破坏生态环境成本的目的，同时也可对节能技术使用企业给予一定的科技创新研发成本补偿，提高企业科技创新积极性；再如，对自然资源消耗性产品的生产企业应提高税率水平，对煤炭开采行业实行从价计税与从量计税相结合的方法等。

三、地区层面

对于我国许多自然资源丰裕但经济欠发达地区，随着 2000 年以后我国进入"资源开发黄金期"，其依托短期内自然资源开发获得了巨大的经济收益，产生了短暂的经济快速增长，但随着自然资源的枯竭，或资源市场需求的变化，地区经济结构单一、接续行业培育不足导致的地区经济萧条的现象时有发生。因此针对上述自然资源丰裕但经济欠发达地区提出如下政策建议：

1. 重视基础设施的投资建设

本书研究回归结果表明，物质资本投入对经济发展的正向影响非常明显。在现实的物质投入中基础设施建设可以说是既可控又便于操作的方法。在研究中曾有学者得出过基础设施变量对资源丰裕度和经济水平产生正相关关系的结论，其中分析在此不做赘述，本书需要强调的是，这一结论显示区域经济发展与基础设施投资正向相关，对许多经济发展水平较低的区域促进其经济发展具有积极意义。对于自然资源丰裕但经济发展落后的区域，如果适当加大基础建设投资力度，会对自然资源丰裕与经济发展的关系产生促进作用，加大基建投资一方面可以使地区整体享受经济发展的结果；另一方面也与中央倡导的基本公共服务均等化政策相吻合。但在基础设施投资建设中需要注意的是基建投入可以为居民生活提供一定程度的便利，使经济发展中的民生部分得以提高，但基建投资既不是缩小地区经济差异的必要条件，也不是促进经济发展的主要因素。因此在基建投资中要注意前期的开发论证，需要有严谨的科学性，基础建设开始后不能因为缺乏吸引投资的能力就中断建设，否则容易造成更大的沉没成本，为经济发展带来损失。

2. 政府应尽量避免成为投资主体

本书研究的回归结果表明，物质资本投资对自然资源禀赋和经济发展关系产生了正向促进作用，其投资力度与经济发展正相关，也与固定资产投资正相关。但同时也应明白政府不应该作为投资活动的主体，政府投资推动下的经济增长很难持续。所以，政府要在尊重经济发展规律的同时，客观考虑制定地区经济发展战略，并调整自身在经济发展中的角色定位。相关研究显示，政府"越位""缺位"和"错位"现象在中国经济发展中已经表现出了较大的阻碍作用（吴敬琏，2009）[①]，各级政府应该正确确认自身在经济发展中所处的位置，如亚当·斯密在《国富论》中所述：在市场经济环境中政府应发挥的作用是为企业投资、人口流动、建立公平的贸易活动提供自由、安全和舒适的环境。

3. 重视经济的对外开放

本书研究回归结果表明，经济开放性是影响自然资源禀赋和经济发展关系的

———————

① 吴敬琏. 让历史照亮未来的道路：论中国改革的市场经济方向 [J]. 经济社会体制比较，2009(5)：1-10.

重要因素，较高的贸易开放度会对自然资源禀赋和经济发展关系产生正向互动效应。因此，我们在努力扩大内需拉动经济发展，以降低对外经济发展依赖时，也不能刻意抑制对外开放和对外贸易。2008 年金融危机以来，国内发展经济的重要对策之一是扩大内需，以逐步摆脱我国经济对进出口贸易的依赖，但值得注意的是这并不等同于抑制对外开放，抑制对外开放违背经济发展客观规律，必然会对经济发展造成危害。我们大力倡导的转变经济增长方式也不能机械地理解为扩大内需，不要一味对内需、外需比例进行调整，而是要致力于产业结构的转型升级，致力于生产效率的提高。根据我国国情，发展经济必须在满足本国需求的同时致力于商品及服务的出口，以此不断提高我国产品的国际竞争力。

4. 提高对科技创新的投入

自然资源丰裕地区应提高对社会公共资源的投入力度，加快科技创新。特别是自然资源丰裕而经济落后的地区，应着眼于社会公共资本的积累。因上述地区一般社会公共资本积累不足，致使本地区工业化难以形成，导致资本投资回报率低，工业化发展缓慢，人口和就业成长条件供给有限，本地居民学习技能缓慢，技术效率低下。这些问题基本已成为经济落后地区发展难以跨越的鸿沟。社会公共资本投入不足会导致整个地区社会交易成本居高不下，降低技术效率，这又会作用于自然资源开发，使自然资源的开发利用效率低下、浪费巨大，自然资源开发既得利益主体更倾向于追求资源开发。

在对科技创新进行投入时，首先，要与该地区社会发展的实际相结合，加速国民经济各个部门对技术的投入改造，树立以开发为主的科技创新思想；对新产品、新技术的研发和推广要加快速度，特别是对深度加工产品、轻工业产品、增值价值较高的消费品、更新换代产品加大投入力度，围绕区域经济支柱产业进行科技创新能力的培养。其次，注重对教育部门的投入，从基础开始树立全民的科技进步观，通过对教育部门的持续投入提高该地区社会科学技术水平。再次，要改革科技创新的管理体制，努力培育与壮大地区技术市场，提高科技创新成果的转化率，同时积极引进其他国家、地区先进的科学技术，利用后发优势以更快的速度消化推广，以缩小与发达地区的差距。最后，加强科技创新机构与生产企业的沟通联系，利用积极的激励政策鼓励生产企业的创新研发，以企业的实际需求为科技创新的起点和归宿，满足企业需求。

5. 加大人力资本投入力度

一个国家或地区经济可持续健康发展的重要标志之一是人力资本储量，只有建立在以人力资本开发和培育为动力的经济体系之上的地区才能称为可持续发展地区。自然资源丰裕地区良性发展的路径选择正是把良好的自然资源优势转化为人力资源的主动生成能力。在这一点上，德国的鲁尔工业区，法国的洛林地区都为我们提供了良好的借鉴案例。

德国的鲁尔工业区以煤炭和钢铁资源富集而文明，在德国工业发展之初，该地区经历了 200 年的繁荣，但在 20 世纪 60 年代之后该地区经济开始衰落，一度成为"资源诅咒"理论的典型案例。但德国政府面对如此窘境，在鲁尔区许多资源型城市先后建起多所大学，大力加强教育产业发展，以此带动人才培养。该地区政府以打造"欧洲高等院校区"为目标，先后建成 15 所高等院校，培养近 15 万名大学生，根据地区发展的特点、重点，设置了与该地经济发展相关专业，培养经济学及理工科学生人数占到学生总数的 64%，这两项专业人数比德国其他地区高 12%。鲁尔区通过对人力资源的投入为地区产业转型提供了大量的高学历劳动力，成功地带动了地区经济发展，避免了"资源诅咒"。

与之相类似的法国洛林地区，也是以煤炭资源和钢铁为主的资源富集区，在传统资源类产业进入衰退期后，洛林地区不是兴建大学院校，而是进行了针对当地失业工人的培训工作，让工人熟练掌握一门或几门就业技术，进行再就业，完美地将人力资源开发与地区产业转型相结合。针对地区转型新产业所需的产业工人的再培训，培训费用由当地政府及资源企业支付，工人重新上岗后可依然供职于转型后的资源企业，8 年间通过培训解决 17 万工人的就业问题，成功地避免了"资源诅咒"。

6. 重视经济多元化，建立多样化的产业格局

避免陷入单一资源产业的困境，跳出"资源诅咒"假设一个行之有效的路径是增加地区产业广度，建立多样化的产业格局，减少对自然资源开发部门的依赖。"多样化"产业格局几乎是所有经济学家公认的避免"资源诅咒"的方法，但想要成功地实现却并不容易。许多国家和地区都在这方面进行了尝试，例如，从20世纪70年代开始，石油输出国就凭借其石油收入的巨大收益扶持本地区的多样化产业发展，但结果并不尽如人意，巨额资金被注入不具备竞争力和效率低下的产业当中。这其中的原因很复杂，除了本书之前分析的"荷兰病"外，政府为刻意追求产业的多样化，没有考虑产业的市场自发培养，许多多样化产业为政府垄断经营，很难培养效率，只用来为政府某些部门"寻租"及套取资金提供载体，因此政府培育的所谓多样化产业不仅不能起到提高整个社会生产效率的作用，反而抑制了私人投资的发展意愿和计划。

因此，产业多样化应该由政府实施开放的贸易政策，只有出口导向的政策才能真正有利于培养效率，鼓励私人投资进入多样化产业领域，实现经济的真正发展。

本书研究回归结果还表明，制造业水平对自然资源禀赋和经济发展关系产生了显著正效应。制造业水平这一变量在某种程度上代表了产业的关联性和聚集性。新地理经济学证明，地方的市场是产生规模经济，带动地区经济聚集发展的重要保障。这不仅需要多元化的产业结构，也需要多样化的文化和人口结构。因此只有促进多元化的城市体系发展，促进多样化的产业体系、多元化的环境和社会生态体系共存，才能保证经济的可持续平稳发展。

7. 降低自然资源开发波动风险，建立自然资源基金

为避免自然资源开发对经济增长的负面影响，许多学者提出了宏观政策方面的解决手段，其中财政政策是较为有效的手段之一。国际经验中，自然资源丰裕国家在大力开发初级资源产品并进行出口的过程中，短期内会伴随巨额的出口收

入带来的财政收入激增，政府在突如其来的"意外之财"面前会失去理性，会不经过理性的可行性分析就盲目增加投资周期长、耗资巨大的行业项目，短期内便会造成本国需求膨胀。但初级自然资源产品在国际供应中价格并不会持续稳定，一旦资源价格回落，政府收入迅速下降，就会停止对已有项目的投资，造成需求紧缩。这种由于自然资源价格变动而造成的国内需求大幅变化引起社会不稳定的现象可以通过设立自然资源开发基金来得以缓解。这一经验在我国也有借鉴意义。

通过对自然资源开发基金的设立可以大大降低自然资源丰裕地区抵御因资源价格变化而引起本地经济大幅波动的风险。国外自然资源丰裕地区的发展实践证明，完全依赖自然资源的地区缺乏自主经济发展的能力和机制，经济发展往往随着自然资源产品价格的变化而波动，自身抵御经济波动的抗风险能力很差。设立自然资源开发基金，一方面有利于政府宏观调控能力的增强，另一方面也可以用设立的自然资源开发基金进行由于自然资源开发引起的环境污染的治理。在自然资源价格稳定时期，基金可以寻求其他收益稳健的投资渠道，带来稳定收入。

自然资源开发基金的具体操作如下：首先根据前文所述，自然资源合理定价机制为资源设定一个合理价格，在市场条件下若市场中资源价格高于该合理价格，则在增加的财政收入中划分一定比例的资金纳入自然资源开发基金中，避免快速增加的财政收入全部在短期内转化为财政支出，急速扩大了社会需求，引起社会供给品价格上涨；若市场中自然资源价格低于此合理价格时，基金的部分收入可以进入政府财政预算，补充不足的财政支出，以此抵御由于自然资源价格下降造成的财政支出大幅缩减而引起的社会需求不足，借此平缓经济发展的剧烈波动，保持经济持续、稳定发展。

附 录

附录一 民生与发展指数评价指标体系

民生与发展指数评价指标体系如附表1-1所示。

附表1-1 民生与发展指数评价指标体系

一级指标	二级指标	三级指标	单位	权重
经济优化 (20.0)	经济增长	人均GDP	元	3.0
		GDP指数	上年=100	2.0
	结构优化	服务业增加值占GDP比重	%	3.0
		居民消费占GDP比重	%	3.0
		高技术产品产值占工业总产值比重	%	3.0
		城镇化率	%	3.0
	发展质量	全社会劳动生产率	元/人	3.0
民生改善 (26.0)	收入分配	城乡居民收入占GDP比重	%	3.0
		城乡居民收入比	农村=1	3.0
	生活质量	城镇居民人均可支配收入	元	2.5
		农村居民人均纯收入	元	2.5
		城乡居民家庭恩格尔系数	%	1.5
		人均住房使用面积	平方米	1.5
		城镇保障性住房新开工面积占住宅开发面积比重	%	0.5

续表

一级指标	二级指标	三级指标	单位	权重
民生改善 （26.0）	生活质量	互联网普及率	%	1.5
		每万人拥有公共汽（电）车辆	标台	1.5
		平均预期寿命	岁	2.0
		农村自来水普及率	%	2.0
		每千人拥有社会服务床位数	张	2.0
	劳动就业	城镇登记失业率	%	2.5
社会发展 （21.0）	公共服务支出	人均基本公共服务支出	元	2.5
	区域协调	地区经济发展差异系数	—	2.5
	文化教育	文化产业增加值占 GDP 比重	%	2.5
		平均受教育年限	年	2.5
	卫生健康	5 岁以下儿童死亡率	‰	2.5
	社会保障	基本社会保险覆盖率	%	2.5
		农村最低生活保障救助标准占 农村居民人均消费支出比例	%	1.5
		城镇最低生活保障救助标准占 城镇居民人均消费支出比例	%	1.5
	社会安全	社会安全指数	%	3.0
生态建设 （20.0）	资源消耗	单位 GDP 能耗	吨标准煤/万元	3.0
		单位 GDP 水耗	吨/万元	3.0
		单位 GDP 建设用地占用	亩/万元	3.0
	环境治理	环境污染治理投资占 GDP 比重	%	2.0
		工业"三废"处理达标率	%	2.0
		城市生活垃圾无害化处理率	%	2.0
		城镇生活污水处理率	%	2.0
		环境质量指数	%	3.0
科技创新 （13.0）	科技投入	万人研究与试验发展（R&D）人员全时当量	人年	3.5
		R&D 经费支出占 GDP 比重	%	3.5
	科技产出	高技术产品出口占总出口比例	%	3.0
		万人专利授权数	件	3.0

注：人均 GDP、城镇居民人均可支配收入、农村居民人均纯收入、单位 GDP 能耗、单位 GDP 水耗、单位 GDP 建设用地占用均按 2000 年价格计算。

附录二　民生与发展指数的确定、
计算方法及数据来源

一、权重确定方法

权重值的确定直接影响综合评估的结果，其变动也可能引起被评估对象排列顺序的改变。因此，合理地确定综合评估发展各主要因素指标的权重，是进行综合评估能否成功的关键所在。本体系采取常用的专家打分法（Delphi 法）确定各级指标的权重。

二、指数计算方法

发展与民生指数是从经济发展、民生改善、社会发展、生态建设和科技创新五个维度测量的综合性指数，每一维度都是构成其具体方面的分指数，每个分指数又由若干个指标合成。其测评方法主要借鉴了联合国人类发展指数（HDI）的测量方法，基本思路是根据每个评价指标的上、下限阈值来计算单个指标指数（即无量纲化），指数一般分布在 0 和 100 之间，再根据每个指标的权重最终合成发展与民生指数。此种方法测算的指数不仅横向可比，而且纵向可比；不仅可以比较各省（区、市）发展与民生指数的相对位次，而且还可以考察每个省（区、市）发展与民生改善的历史进程。

1. 指标上、下限阈值的确定

在计算单个指标指数时，必须对每个指标先进行无量纲化处理，而进行无量纲化处理的关键是确定各指标的上、下限阈值。指标的上、下限阈值主要是参考 2000～2013 年全国 31 个省（区、市）中相应指标的最大值和最小值以及小康社会目标值，对有些比例指标还参考了世界中等收入国家的平均值。将 i 个指标记为 X_i，权重为 W_i，下限阈值和上限阈值分别为 X_{min}^i 和 X_{max}^i，无量纲化后的值为 Z_i。

2. 指标无量纲化

无量纲化也叫数据的标准化，是通过数学变换来消除原始变量（指标）量纲影响的方法。

正指标无量纲化计算公式：

$$Z_i = \frac{X_i - X_{min}^i}{X_{max}^i - X_{min}^i} \quad 或 \quad Z_i = \frac{\ln(X_i) - \ln(X_{min}^i)}{\ln(X_{max}^i) - \ln(X_{min}^i)}$$

逆指标无量纲化计算公式：

$$Z_i = \frac{X_{max}^i - X_i}{X_{max}^i - X_{min}^i} \quad 或 \quad Z_i = \frac{\ln(X_{max}^i) - \ln(X_i)}{\ln(X_{max}^i) - \ln(X_{min}^i)}$$

3. 分类指数和总指数的合成

（1）分类指数的合成方法。本体系由经济发展、民生改善、社会发展、生态建设、科技创新五个分类组成。将某一类的所有指标无量纲化后的数值与其权重按下面的公式计算得到类指数。

$$I_i = \frac{\sum Z_j W_j}{\sum W_j}$$

（2）发展与民生指数的合成方法。将发展与民生指数评价指标体系中的 41 个指标无量纲化后的数值与其权重按下面的公式计算得到发展与民生指数。

$$I_i = \frac{\sum_{j=1}^{41} Z_i W_i}{\sum_{j=1}^{41} W_i}$$

三、基础数据来源

各地区发展与民生指数计算数据主要来源于 2001～2014 年各类统计年鉴，如《中国统计年鉴》以及各省（区、市）统计年鉴、《中国教育统计年鉴》《中国劳动统计年鉴》《中国卫生统计年鉴》《中国环境统计年鉴》《中国人口和就业统计年鉴》《中国社会统计年鉴》《中国能源统计年鉴》等。平均受教育年限、平均预期寿命来源于普查和抽样调查数据，非普查和调查年份采用外推方法计算。

参考文献

[1] 安烨，刘力臻. 日本环境问题的可持续发展战略及对我国的启示[J]. 日本学论坛，2003（3）：51-55.

[2] 曹凤中，沈晓悦. 加入 WTO 后我国环境服务业发展的新思路 [J]. 江苏环境科学，2001（1）：20-23.

[3] 曹凤中. 建循环经济型城市，走可持续发展之路 [J]. 辽宁城乡环境科技，2003（1）：1-4.

[4] 曹凤中等. 循环经济是经济与环境兼而有之的双赢经济 [J]. 环境科学与技术，1999（4）：1-3.

[5] 陈高桐. 面向新世纪的德国经济与社会 [J]. 北京行政学院学报，2003（1）：7-52.

[6] 陈和平. 走资源节约型可持续发展之路 [J]. 热电技术，2002（3）：1-2.

[7] 陈士俊，柳洲. 复杂性科学视角下的高技术企业成长机制研究论纲 [J]. 科学学与科学技术管理，2004，25（3）：4-18.

[8] 陈银娥，杨艳琳. 跨世纪的中国农村居民消费分析 [J]. 消费经济，1998（1）：32-36.

[9] 陈银娥，杨艳琳. 可持续发展需要宏观调控 [J]. 华中师范大学学报（人文社会科学版），1998（4）：83-86.

［10］陈引亮．徐矿集团的矿区工业生态经济建设与可持续发展［J］．采矿技术，2006（3）：78－82．

［11］程裕淇，李廷栋．我国矿产资源开发利用的现状与对策［J］．中国科学院院刊，1992（3）：211－216．

［12］崔和瑞．基于循环经济理论的区域农业可持续发展模式研究［J］．农业现代化研究，2004，25（2）：94－98．

［13］戴大双．资源型城市中小企业的扶持机制分析［J］．价值工程，2000（6）：4－6．

［14］丁菊红，邓可斌．政府干预、自然资源与经济增长：基于中国地区层面的研究［J］．中国工业经济，2007（7）：56－64．

［15］董辅礽．中国经济纵横谈［M］．北京：经济科学出版社，1996．

［16］杜明奎．资源型城市经济可持续发展的产业约束因素与对策研究［J］．经济师，2003（10）：69－70．

［17］段汉明．中小煤炭城市主导产业的可持续发展对策——以陕西韩城为例［J］．经济地理，2000（4）：55－59．

［18］段利民，杜跃平．自然资源禀赋与区域经济增长关系实证研究［J］．生产力研究，2009（24）：117－118．

［19］段宁．清洁生产、生态工业和循环经济［J］．环境科学研究，2001（6）：1－48．

［20］樊杰．能源资源开发与区域经济协调发展研究——以我国西北地区为例［J］．自然资源学报，1997，12（4）：349－356．

［21］樊杰．我国煤矿城市产业结构转换问题研究［J］．地理学报，1993（5）：218－226．

［22］范剑平．鼓励消费政策可行性研究［J］．经济科学，2001（2）：5－14．

［23］方创琳，杨洁．区域发展规划风险生成与经营理论及应用［J］．地理研究，2002（2）：219－228．

［24］冯久田．鲁北生态工业园区案例研究［J］．中国人口·资源与环境，2003，13（4）：98－102.

［25］冯之浚．树立科学发展观实现可持续发展［J］．中国软科学，2004（1）：5－12.

［26］龚秀国，邓菊秋．中国式"荷兰病"与中国区域经济发展［J］．经济研究，2009（4）：131－141.

［27］古德生，彭怀生，雷卫东．矿业可持续发展的神经网络评价［J］．有色金属，2000（52）：19－12.

［28］管卫华，顾朝林，林振山．中国能源消费结构的变动规律研究［J］．自然资源学报，2006，21（3）：401－407.

［29］郭青霞．大型露天矿区农村生态经济系统重建模式研究——以平朔矿为例［J］．生态经济，2006（5）：133－137.

［30］郭腾云，陆大道，甘国辉．我国区域发展政策及其效果的对比研究［J］．地理研究，2002（4）：504－510.

［31］韩亚芬．资源经济贡献与发展诅咒的互逆关系研究［J］．资源科学，2007（6）：188－193.

［32］韩智勇，魏一鸣，范英．中国能源强度与经济结构变化特征研究［J］．数理统计与管理，2004（1）：1－6，52.

［33］韩智勇，魏一鸣，焦建玲等．中国能源消费与经济增长的协整性与因果关系分析［J］．系统工程，2004（12）：17－21.

［34］胡健，焦兵．油气资源开发对中国西部区域经济的拉动效应分析——以陕西省为例［J］．资源科学，2007（1）：2－8.

［35］胡玉才．煤炭城市产业结构调整与发展研究［J］．能源基地建设，1996（3）：21－25.

［36］胡钰，仲伟俊．关于提升我国企业自主创新能力的若干思考［J］．中国制造业信息化，2005（7）：8－13.

［37］胡援成，肖德勇．经济发展门槛与自然资源诅咒——基于我国省际层

面的面板数据实证研究［J］. 管理世界, 2007（10）：15 – 24.

［38］黄飞. 能源消费与国民经济发展的灰色关联分析［J］. 热能动力工程, 2001（1）：89 – 90.

［39］黄平沙, 谭大鹏. 国外废旧家用电子电器回收再利用研究［J］. 中国人口·资源与环境, 2003（4）：103 – 107.

［40］黄晓莉. 企业资本结构及其影响因素分析［J］. 技术经济与管理研究, 2001（3）：65 – 66.

［41］贾绍凤, 张军岩. 日本城市化中的耕地变动与经验［J］. 中国人口·资源与环境, 2003（1）：31 – 34.

［42］减淑英. 资源型城市持续发展对策探讨——以鸡西市为例［J］. 资源科学, 1999（1）：51 – 56.

［43］蒋建权. 东北区煤矿城市可持续发展问题探讨［J］. 地理科学, 2000（3）：241 – 245.

［44］解振华. 建设生态工业园区推进环保产业发展［J］. 中国环保产业, 2002（1）：28 – 29.

［45］金碚, 陈丽英. 两岸突破：中国工业区域分析［M］. 北京：经济管理出版社, 1996.

［46］匡耀求, 孙大中. 基于资源承载力的区域可持续发展评价模式探讨［J］. 热带地理, 1998（3）：249 – 255.

［47］李冰. 资源型城市经济转型研究［J］. 国有资产管理, 2004（2）：36 – 39.

［48］李金昌. 资源经济学新论［M］. 重庆：重庆大学出版社, 1995.

［49］李密枝. 我国资源型经济面临的机遇与挑战［J］. 中山大学学报论丛, 2005, 25（2）：252 – 255.

［50］李明光, 游江峰, 郑武. 战略环境评价在中国的发展及方法学探讨［J］. 中国人口·资源与环境, 2003（2）：23 – 27.

［51］李明生. 试论绿色消费观［J］. 经济学动态, 2000（8）：9 – 13.

［52］李汝雄，王建基．循环经济是实现可持续发展的必由之路［J］．环境保护，2000（11）：29－30．

［53］李树．行为经济学的发展与经济学的人性化取向［J］．经济问题探索，2001（12）：23－26．

［54］李树．行为经济学的理论框架及其评析［J］．探索，2003（5）：51－54．

［55］李天籽．自然资源丰裕度对中国地区经济增长的影响及其传导机制研究［J］．经济科学，2007（6）：66－76．

［56］李欣广．可持续区域经济发展论［M］．北京：中国环境科学出版社，2002．

［57］赵鹏大等著．资源·环境与可持续发展［C］．北京：中国地质大学出版社，2002．

［58］李振明．经济转型与居民消费结构演进［M］．北京：经济科学出版社，2001．

［59］李正发．区域可持续发展评价指标体系［J］．数量经济技术经济研究，2000（4）：48－51．

［60］李志俭．"铜城"没了铜以后［J］．发展，2003（7）：20－23．

［61］练绪宁，李桂莲．构建我国循环经济的支撑体系［J］．井冈山师范学院学报，2004（1）：88－90．

［62］梁仁彩．试论能源基地的类型及其综合发展［J］．地理研究，1995（2）：9－17．

［63］梁亚红．论煤炭城市经济持续发展的途径与对策［J］．河南大学学报（自然科学版），1997（4）：77－80．

［64］林伯强．中国能源需求的经济计量分析［J］．统计研究，2001（10）：34－39．

［65］林艳君，冯春萍．浅析上海市产业结构变动对能源强度的影响［J］．中国能源，2006（2）：40－43．

［66］刘宝春，马文洪．矿产资源资产评估的有关问题［J］．中国地质矿产经济，2000，13（7）：10－13.

［67］刘长生，郭小东，简玉峰．能源消费对中国经济增长的影响研究——基于线性与非线性回归方法的比较分析［J］．产业经济研究，2009（1）：1－9.

［68］刘长生，简玉峰，陈华．中国不同省份自然资源禀赋差异对经济增长的影响［J］．资源科学，2009（61）：51－106.

［69］刘凤朝，潘雄峰，徐国权．基于结构份额和效率份额的中国能源消费强度研究［J］．资源科学，2007，29（4）：2－6.

［70］刘国炳．市场体制下的区域可持续发展［J］．经济论坛，2002（17）：11－13.

［71］刘洪，杨伟民．关于煤炭城市产业结构调整的几个问题［J］．中国工业经济研究，1992（8）：48－52.

［72］刘慧玲，严红．西部科技投入与经济增长的关联分析［J］．特区经济，2007（6）：194－195.

［73］刘建芳．美国的区域经济政策及其启示［J］．东南大学学报，2002（1）：67－72.

［74］刘满凤．创新绩效评价与民营科技企业发展研究［J］．科技进步与对策，2005（1）：52－54.

［75］刘培哲．可持续发展——通向未来的新发展观：兼论《中国21世纪议程》的特点［J］．中国人口·资源与环境，1994，4（3）：13－18.

［76］刘世丽．资源型城市可持续发展中必须关注的几个因素［J］．工业技术经济，2001（2）：39－40.

［77］刘思华．经济可持续发展的科技创新［M］．北京：中国环境科学出版社，2002.

［78］刘玉，刘毅．区域政策研究的回顾与展望［J］．地理科学进展，2002（2）：153－161.

［79］刘玉，刘毅．中国区域可持续发展评价指标体系及态势分析［J］．中

国软科学，2003（7）：113－118.

[80] 刘粤湘，赵鹏大. 传统矿业的变化与新型矿业经济的发展［J］. 中国矿业，2002（3）：1－6.

[81] 刘粤湘. 中国矿业城市发展的障碍与对策［J］. 资源·产业，2001（11）：17－19.

[82] 刘粤湘. 中国矿业竞争力的单因素实证分析［J］. 中国矿业，2002（5）：4－7.

[83] 刘云刚. 大庆资源型产业结构转型对策研究［J］. 经济地理，2000（5）：26－29.

[84] 卢业授. 我国加入WTO矿业发展战略与对策［J］. 中国矿业，2002（6）：19－21.

[85] 鲁金萍，董德坤，谷树忠，常近时. 基于"荷兰病"效应的欠发达资源富集区"资源诅咒"现象识别——以贵州省毕节地区为例［J］. 资源科学，2009（2）：272－278.

[86] 陆昂. 20世纪90年代以来美国和日本产业政策调整评析［J］. 经济问题探索，2002（2）：41－45.

[87] 陆大道. 中国区域发展的新因素与新格局［J］. 地理研究，2003（3）：261－271.

[88] 陆钟武. 关于循环经济几个问题的分析研究［J］，环境科学研究，2003（5）：1－5.

[89] 路建涛. 工矿城市发展模式比较研究［J］. 经济地理，1997（3）：50－54.

[90] 吕铁. 缓解资源约束促进产业发展［J］. 中国社会科学院院报，2004（6）：104－106.

[91] 罗浩. 自然资源与经济增长资源瓶颈及其解决途径［J］. 经济研究，2007（6）：142－154.

[92] 罗平，潘荣翠，尚晓慧. 我国国家创新体系探讨［J］. 经济问题探

索, 2006 (6): 138 - 141.

[93] 罗平, 尚晓慧. 资源型经济与创新型社会的思考 [J]. 生态经济, 2008 (12): 58 - 62.

[94] 罗斯托. 经济成长的阶段 [M]. 北京: 中国社会科学出版社, 2000.

[95] 马超群, 储慧斌, 李科等. 中国能源消费与经济增长的协整与误差校正模型研究 [J]. 系统工程, 2004 (10): 22 - 27.

[96] 马传栋. 可持续发展经济学 [M]. 济南: 山东人民出版社, 2002.

[97] 马传栋. 我国煤炭城市的可持续发展 [J]. 中国工业经济, 1999 (2): 48 - 51.

[98] 马健, 邵赟. 经济增长中的制度因素分析 [J]. 经济科学, 1999 (5): 46 - 51.

[99] 马丽, 刘毅. 经济全球化下的区域经济空间结构演化研究评述 [J]. 地球科学进展, 2003 (2): 270 - 276.

[100] 倪前龙. 国外城市推进可持续发展的新趋势 [J]. 中国人口·资源与环境, 2003 (5): 117 - 119.

[101] 牛仁亮, 张复明. 资源型经济现象及其主要症结 [J]. 管理世界, 2006 (12): 154 - 155.

[102] 齐绍洲, 罗威. 中国地区经济增长与能源消费强度差异分析 [J]. 经济研究, 2007 (7): 74 - 81.

[103] 綦开军, 王晓红, 毕克新. 我国中小企业技术创新支持体系现状与发展趋势 [J]. 商业研究, 2005 (6): 94 - 96.

[104] 邱晓华等. 中国经济增长动力及前景分析 [J]. 经济研究, 2006 (5): 4 - 12.

[105] 曲三省. 现代经济计量分析方法应用研究 [J]. 经济经纬, 2008 (1): 76 - 78.

[106] 邵帅, 齐中英. 西部地区的能源开发与经济增长——基于"资源诅咒"假说的实证分析 [J]. 经济研究, 2008 (4): 147 - 160.

［107］邵帅，齐中英．资源输出型地区的技术创新与经济增长——对"资源诅咒"现象的解释［J］．管理科学学报，2009，12（6）：23-33.

［108］施发启．对我国能源消费弹性系数变化及成因的初步分析［J］．统计研究，2005（5）：8-11.

［109］史丹，张金隆．产业结构变动对能源消费的影响［J］．经济理论与经济管理，2003（8）：30-32.

［110］史丹．我国经济增长过程中的能源利用效率的改进［J］．经济研究，2002（9）：49-56.

［111］宋冬林，赵新宇．不可再生资源生产外部性的内部化问题研究——兼论资源税改革的经济学分析［J］．财经问题研究，2006（1）：28-32.

［112］孙雅静．我国资源型城市转型路径分析［J］．资源·产业，2003，5（6）：120-123.

［113］谭崇台．发展经济学［M］．上海：上海人民出版社．1990.

［114］汤绪．西部资源型城市转型期城市定位与布局初探［J］．城市规划，2003（11）：73-75.

［115］汤中立，李小虎．走绿色矿业之路［J］．西北地质，2003（36）：6-9.

［116］滕春强．我国区域资本形成机制差异的"资源诅咒"分析［J］．新疆财经学院学报，2006（3）：59-62.

［117］田霍卿．资源型城市可持续发展的思考［M］．北京：人民出版社，2000.

［118］田永中，岳天祥．生态系统评价的若干问题探讨［J］．中国人口·资源与环境，2003（2）：17-22.

［119］汪戎，朱翠萍．资源与增长间关系的制度质量思考［J］．清华大学学报（哲学与社会科学版），2008，1（23）：152-159.

［120］王海鹏，田澎，靳萍．基于变参数模型的中国能源消费经济增长关系研究［J］．数理统计与管理，2006，25（3）：253-258.

［121］王火根，沈利生．中国经济增长与能源消费空间面板分析［J］．数量经济技术经济研究，2007（12）：98－107．

［122］王金南，余德辉．发展循环经济是21世纪环境保护的战略选择［J］．经济研究参考，2002（6）：13－17，22．

［123］王理．制度变迁与我国资源型区域可持续发展［J］．河南大学学报（社会科学版），2007，47（1）：97－102．

［124］王奇，叶文虎．可持续发展与产业结构创新［J］．中国人口·资源与环境，2002（1）：9－12．

［125］王清云．资源型城市经济转型研究［M］．北京：中国经济出版社，2003．

［126］王仁庆．可持续发展要关注消费方式的变革［J］．消费经济，2003（3）：34．

［127］王松霈．生态经济学为可持续发展提供理论基础［J］．中国人口·资源与环境，2003（2）：11－16．

［128］王霞．能源—经济—环境复杂系统持续协调发展评价指标体系与方法研究［J］，特区经济，2006（9）：369－370．

［129］王筱琼．中国能源消费与GDP增长相关性分析［J］．经济问题探索，2009（7）：41－46．

［130］王玉潜．能源消耗强度变动的因素分析方法及其应用［J］．数量经济技术经济研究，2003（8）：151－154．

［131］王云．"资源劫难"假说的实证检验及政策启示［J］．当代经济管理，2008，30（1）：40－45．

［132］王智辉，俄罗斯资源依赖型经济的长期增长［J］．东北亚论坛，2008，17（1）：93－96．

［133］卫建林．历史没有句号［M］．北京：北京师范大学出版社，1997．

［134］魏巍．太原市可持续发展能源的研究［J］．科技情报开发与经济，2003（4）：42－43．

［135］魏晓平，谢钰敏. 矿产资源与可再生资源之间替代模型研究［J］. 管理科学学报，2001，4（2）：63 - 66.

［136］温淡茂，柯雄侃，王峰. 人地系统可持续发展评价体系与方法研究［J］. 地球科学进展，1999（1）：51 - 55.

［137］吴承康，徐建中. 能源科学发展战略研究［J］. 世界科技研究与发展，2000（4）：1 - 6.

［138］吴巧生，成金华，王华. 中国工业化进程中的能源消费变动——基于计量模型的实证分析［J］. 中国工业经济，2005（4）：30 - 37.

［139］吴巧生，成金华. 中国工业化中的能源消耗强度变动及因素分析——基于分解模型的实证分析［J］. 财经研究，2006（6）：75 - 85.

［140］吴小寅，罗胜等. 南宁市可持续发展评价指标体系及可持续发展度研究［J］. 中国人口·资源与环境，2002（1）：90 - 92.

［141］吴育华，程德文，刘扬. 冲突与冲突分析简介［J］. 中国软科学，2006（6）：117 - 119.

［142］吴育华，程德文. 冲突分析的三维模型［J］. 系统工程理论与实践，1995（8）：30 - 36.

［143］习史丹. 对我国能源消费量下降的认识及建议［J］. 中国经贸导刊，2002（18）：26.

［144］谢景武. 资源型城市实现可持续发展的对策［J］. 经济纵横，2004（1）：35 - 38.

［145］谢松，刘庆和. 贵州的能源消费与经济增长［J］. 贵州社会科学，2007（12）：92 - 96.

［146］熊汉富，陈新新. 绿色消费应当作全新的消费方式来把握［J］. 消费经济，2002（1）：40.

［147］徐建中，刘希宋，许学军. 构建企业集团实现矿业资源城市可持续发展［J］. 学术交流，2003（2）：85 - 88.

［148］徐建中，刘希宋等. 矿业资源城市经济可持续发展的聚类分析及策略

研究 [J]．统计与咨询，2002（6）：18－19.

[149] 徐建中，刘希宋等．矿业资源城市经济可持续发展的主成分分析 [J]．哈尔滨工程大学学报，2002（5）：112－118.

[150] 徐建中，赵红．资源型城市可持续发展产业结构面临的问题与对策 [J]．技术经济与管理研究，2001（3）：63－65.

[151] 徐康宁，韩剑．中国区域经济的"资源诅咒"效应：地区差距的另一解释 [J]．经济学家，2005（6）：96－102.

[152] 徐康宁，邵军．自然禀赋与经济增长：对"资源诅咒"命题的再检验 [J]．世界经济，2006（11）：38－46.

[153] 徐康宁，王剑．自然资源丰裕程度与经济发展水平关系的研究 [J]．经济研究，2006（1）：78－89.

[154] 徐现祥，舒元．中国省区经济增长分布的演进 [J]．经济学（季刊），2004（4）：619－632.

[155] 徐小斌，李传昭，徐锦秀等．基于面板数据的中国能源与经济增长关系研究 [J]．生产力研究，2007（21）：84－91.

[156] 许光洪．我国矿业城市的产业结构调整及其发展途径 [J]．中国人口资源与环境，1998（1）：26－30.

[157] 续竞秦，吕永成．广西"经济－能源－环境"复合系统协调度实证分析 [J]．广西社会科学，2005（4）：127－129.

[158] 宣兆凯．可持续发展社会的生活理念与模式建立的探索 [J]．中国人口·资源与环境，2003（4）：5－8.

[159] 晏承为，张艳妍．生态文明时代背景下我国能源与经济协调发展问题探讨 [J]．财经管理，2008（2）：140.

[160] 杨多贵，牛文元等．系统学开创可持续发展理论与实践研究的新方向 [J]．系统辩证学学报，2001，9（1）：20－23.

[161] 杨冠琼．经济增长与能源消费：来自山东的经验证据 [J]．北京师范大学学报（社会科学版），2006（6）：95－102.

［162］杨家栋，秦兴方．可持续消费引论［M］．北京：中国经济出版社，2000．

［163］杨铁良．煤矿城市的国土整治问题［J］．国土与自然资源研究，1993（2）：8－10．

［164］杨伟国．欧元与欧洲经济增长［J］．欧洲研究，2003（1）：1－13．

［165］杨艳琳，陈银娥．经济可持续发展的消费模式转变［J］．消费经济，2007，23（2）：81－84．

［166］杨艳琳，陈银娥．西方节俭理论述评［J］．消费经济，1996（6）：48－51．

［167］杨艳琳．我国自然资源开发利用制度创新［J］．华中师范大学学报（人文社会科学版），2002（1）：25－30．

［168］叶素文等．西部资源型城市的产业转型与可持续发展［J］．探索，2003（5）：118－120．

［169］叶文虎，韩凌．论第四产业［J］．中国人口·资源与环境，2000（2）：24－27．

［170］叶正波．可持续发展评估理论与实践［M］．北京：中国环境科学出版社，2002．

［171］尹继佐．建设循环经济型的大都市［M］．上海：上海社会科学院出版社，2004．

［172］尹世杰．切实加强对精神文化消费的引导［J］．消费经济，1996（6）：1－5．

［173］尹世杰．消费经济学［M］．长沙：湖南人民出版社，1999．

［174］于渤，黎永亮，迟春洁．考虑能源耗竭、污染治理的经济持续增长内生模型［J］．管理科学学报，2006，9（4）：12－17．

［175］余江，叶林．经济增长中的资源约束和技术进步——一个基于新古典经济增长模型的分析［J］．中国人口·资源与环境，2006，16（5）：7－10．

［176］余江，叶林．资源约束结构变动与经济增长——基于新古典经济增长

模型的分析 [J] . 经济评论, 2008 (2): 22 - 24.

[177] 余晓汉. 日本企业的环境经营 [J] . 中国人口·资源与环境, 2003 (5): 102 - 106.

[178] 曾勇, 杨志峰. 官厅水库跨区域水质改善政策的冲突分析 [J] . 水科学进展, 2004 (1): 40 - 44.

[179] 张菲菲, 刘刚, 沈镭. 中国区域经济与资源丰度相关性研究 [J] . 中国人口·资源与环境, 2007 (4): 19 - 24.

[180] 张复明. 资源的优势陷阱和资源型经济转型和途径 [J] . 中国人口·资源与环境, 2002, 12 (4): 8 - 13.

[181] 张杰辉. 论资源依赖意识 [J] . 东北大学学报 (社会科学版), 2000, 2 (4): 276 - 278.

[182] 张景华. 经济增长: 自然资源是 "福音" 还是 "诅咒" ——基于自然资源作用机制的分析 [J] . 社会科学研究, 2008 (6): 49 - 55.

[183] 张军涛. 从代际公平的角度研究资源型城市可持续发展 [J] . 资源·产业, 2001 (4): 27 - 28.

[184] 张军涛. 经济全球化与我国资源型城市产业结构转化研究 [J], 资源·产业, 2003 (3): 36 - 37.

[185] 张兰霞, 关志民, 安冬梅. 我国转制科研院所发展高新技术产业的战略选择 [J] . 科技进步与对策, 2002 (11): 33 - 34.

[186] 张丽莉. 资源型城市工业结构调整之我见 [J] . 科技情报开发与经济, 2003 (4): 42 - 44.

[187] 张琳. 资源型城市下岗失业人员就业吸纳问题——以阜新市为例 [J] . 西北人口, 2003 (3): 62 - 64.

[188] 张率研, 辛悦. 中日两国能源消费结构的因素对比分析 [J] . 节能技术, 2003, 21 (120): 29 - 31.

[189] 张米尔, 孔令伟. 资源型城市产业转型的模式选择 [J] . 西安交通大学学报, 2003 (1): 29 - 31.

［190］张米尔，武春友．资源型城市产业转型障碍与对策研究［J］．经济理论与经济管理，2001（2）：35－38.

［191］张晓宏．再论中国传统消费模式的弊端［J］．经济科学，2001（2）：15－22.

［192］张学文，叶元煦．黑龙江省区域可持续发展评价研究［J］．中国软科学，2002（5）：83－87.

［193］张耀军，姬志杰．资源型城市避免"资源诅咒"的根本在于人力资源开发［J］．资源与产业，2006，8（6）：1－3.

［194］张以诚．矿业城市的诞生与消亡［J］．国土资源，2001（4）：22－24.

［195］张以诚．中国矿城：历史·现状·未来［J］．国土资源，2003（9）：10－21.

［196］张宗成，周猛．中国经济增长与能源消费的异常关系分析［J］．上海经济研究，2004（4）：41－46.

［197］赵建宁．石嘴山市资源型产业结构转型对策研究［J］．市场经济研究，2003（4）：69－71.

［198］赵进文，范继涛．经济增长与能源消费内在依从关系的实证研究［J］．经济研究，2007（8）：31－42.

［199］赵景海，俞滨洋．资源型城市空间可持续发展战略初探［J］．城市规划，1999（8）：55－56.

［200］赵丽霞，魏巍贤．能源与经济增长模型研究［J］．预测，1998（6）：32－38.

［201］赵秀峰．论白银厂矿产资源开发与白银经济可持续发展［J］．中国地质矿产经济，2002（12）：11－16.

［202］赵秀峰．试论有色金属矿山关闭企业的战略转移［J］．世界有色金属，2003（3）：11－13.

［203］赵秀峰．资源型城市产业延伸与扩展［J］．世界有色金属，2001（4）：42－45.

［204］郑必清，李伍荣．消费增长与经济增长方式转变［M］．长沙：湖南人民出版社，2002.

［205］郑长德．自然资源的"诅咒"与西部地区的经济发展［J］．西南民族大学学报·自然科学版，2006（6）：1248－1256.

［206］郑恩才．资源型城市持续发展的城市规划建设构想［J］．北方论丛，2001（5）：24－27.

［207］郑敏，张家义．美国国家公园的管理对我国地质遗迹保护区管理体制建设的启示［J］．中国人口·资源与环境，2003（1）：35－38.

［208］周多明．白银市加快经济转型的实践与探索［J］．中国城市经济，2003（8）：21－25.

［209］周海林．可持续发展评价指标（体系）及其确定方法的探讨［J］．中国环境科学，1999（4）：360－364.

［210］周海林．资源型城市可持续发展评价指标体系研究——以攀枝花为例［J］．地域研究与开发，2000（1）：12－16.

［211］周启昌，冯九琼，姜丽艳．县级区域可持续发展评价指标体系设计［J］．南京人口管理干部学院学报，2002（3）：3－6.

［212］周勇，李廉水．基于 AWD 的我国能源强度变化因素分析［J］．煤炭经济研究，2006（5）：39－43.

［213］朱军．经济增长支撑条件研究［M］．北京：冶金工业出版社，2001.

［214］朱训．关于矿业企业发展的几个问题［J］．中国矿业，2002（6）：1－4.

［215］朱训．关于中国能源战略的辩证思考［J］．自然辩证法研究，2003，19（8）：1－7，17.

［216］朱训．加速矿业城市可持续发展步伐为全面建设小康社会而努力奋斗［J］．中国矿业，2004，13（1）：1－6.

［217］朱跃中．我国能源与经济增长关系现状分析——刍议结构变化对能源

消费的影响 ［J］. 经济研究参考, 2002 (72): 26 – 32.

［218］Auty R. M. Sustaining Development in Mineral Economies: The Resource Curse Thesis ［M］. London: Routledge, 1993.

［219］Clower H. , Aluwalia M. Growth without Development: An Economic Survey of Liberia ［M］. Xi' an: Northwestern University Press, 1966.

［220］Corden Neary. Booming Sector and De – industrialization in a Small Open Economy ［J］. Economic Journal, 1982 (12): 825 – 848.

［221］E. Papy rakis, R. Gerlagh. The Resource Curse Hypothesis and Its Transmission Channels ［J］. Journal of Comparative Economics, 2004, 32 (1): 48 – 68.

［222］E. Papyrakis, R. Gerlagh. Resource Abundance and Economic Growth in the United States ［J］. European Economic Review, 2007, 51 (4): 127 – 136.

［223］E. Papyrakis, R. Gerlagh. Resource Windfalls, Investment, and Long – term Income ［J］. Resources Policy, 2006 (31): 235 – 238.

［224］Erwin H. Bulte, Ricard Damania. Resource Intensity, Institutions, and Development ［J］. World Development, 2005 (33): 1029 – 1044.

［225］G. A. Davis. Learning to Love the Dutch Disease: Evidence from the Mineral Economies ［J］. World Development, 1995, 23 (10): 539 – 585.

［226］Gylfason, Herbertsson, Zoega. A mixed Blessing: Natural Resources and Economic Growth ［J］. Macroeconomic Dynamics, 1999 (3): 117 – 121.

［227］Gylfason, T. Natural Resources, Education, Economic Development［J］. European Economic Review, 2001 (45): 847 – 859.

［228］Hagen E. The Economics of Development ［M］. New York: El (1) 1983.

［229］J. W. Sun, T. Meristo. Measurement of Dematerialization/Materialization: A Case Analysis of Energy Saving and Decarbonization in DECD Countries, 1960 ~ 1995 ［J］. Technolocical Forecastinc and Social Chance, 1999 (60): 275 – 294.

[230] J. A. Robinson, R. Torvik, T. Verdie, Political Foundations of the Resource curse [J]. Journal of Development Economics, 2006, 79 (2): 46 – 75.

[231] J. W1Isham, L. Pritchett, G. Busby. The Varieties of Resource Experience: Natural Resource Export Structures and the Political Economy of Economic Growth [J]. The World Bank Economic Review, 2005, 19 (2): 11 – 45.

[232] Kingleberger, Herrick. Economics Development [M]. New York: McGraw – Hill, 1993.

[233] M. L. Ross. Does Oil Hinder Democracy? [J]. World Politics, 2001, 53 (3): 133 – 151.

[234] Matsen E., Torvik R. Optimal Dutch disease [J]. Journal of Development Economics, 2005, 78 (2): 494 – 515.

[235] P. Collier, A. Hoeffler, Greed and Grievance in Civil War [J]. Oxford Economic Papers, 2004, 56 (4): 19 – 39.

[236] P. K. Asea, A. Lahiri, The Precious Bane [J]. Journal of Economic Dynamics and Control, 1999, 23 (5/6): 297 – 311.

[237] Papyrakis E., Gerlagh R. ResourLe windfalls investnenl and long – term income [J]. ResourLes Policy, 2006, 31 (2): 117 – 128.

[238] Papyrakis E., Gerlagh R. The Resource Curse Hypothesis and Its Transmission Channels [J]. Journal of Comparative Economics, 2004, 32 (1): 181 – 193.

[239] Peekins D., Roemer M., et. Economics of Development [M]. New York: Norton & Company, 1987.

[240] Ragnar Torvik. Natural resources rent seeking and welfare [J]. Journal of Development Economics, 2002, 67 (2): 455 – 470.

[241] Sachs, Warner. Natural Resources and Economic Development: The Curse of Natural Resources [J]. European Economic Review, 2000 (4 – 6): 827 – 838.

[242] Sachs J. D., A. M. Warner. The Big Push, Natural Resource Booms,

Growth [J] . Journal of Development Economics, 1999, 59 (1): 43 –76.

[243] Singer. The Distribution of Trade Between Investing and Borrowing Countries [J] . American Economic Review, 1950 (2): 472 –485.

[244] Soytas, Sari. Energy Consmnption and GDP: Causality Relatianship in iG – 7 Countries and Emerging Market [J] . Energy Econonics, 2003, 25 (1): 33 – 37.

[245] Stevense Paul. Resource Impact: A Cursing or Blessing? [J] . A Literaturc Survey. IPIECA, 2003: 36 – 48.

[246] Stijns J. Natural Resource Abundance and Economic Growth Revisited [A] . Paper presented at the Western Economic Association International 2001 Conferencein [C] . San Francisco, 2001 (35): 21 – 28.

[247] T. Gylfason. Natural Resources, Education and Economic Development [J] . European Economic Review, 2001, 45 (4/6): 347 – 375.

后　记

本书是在作者博士论文基础上修订完成的，对于博士论文的写作，作者心怀无尽感激，感谢各位亲人、师长、友人的无私付出与帮助。

首先感谢导师——王柯敬教授。作者在读博期间，与老师从陌生到熟悉，老师的言行于我无时无刻都有感触与启发。老师与师母王君彩教授时刻关心着作者的生活和学习，并给予了极大的关怀、帮助与支持。二位老师的平和、宽容、严于律己为作者树立了做事的榜样，希望许多年后，也可以学到老师为人之万一。在论文撰写中，老师耐心且无私地进行了帮助和指导，尤其是老师渊博的学识、严谨的治学态度、高尚的师德以及敬业精神，使作者不仅学到了为学之道，也学到了为人之道、为师之道，其必将终身受益。

其次感谢中央财经大学经济学院各位任课老师的悉心教导，让作者在学术的长河中可以汲取更多的前沿理论，受益匪浅。感谢侯荣华教授、杨运杰教授、李涛教授在论文写作修改中提出的宝贵意见，使文章得以完善和提升。

再次感谢工作单位内蒙古财经大学领导与同事的支持、鼓励。感谢侯淑霞老师、钟敏老师、王雪瑞老师的鼓励与帮助，感谢商务学院领导、同事的支持和关照。

最后感谢家人的理解、支持。感谢父母在作者读博期间给予了默默支持、疼爱与付出，让作者没有后顾之忧地完成了学业课程与论文写作；感谢作者的爱人孟川贺，他的鼓励、理解、支持、包容是作者前行的动力；感谢妹妹在这期间的帮助，还有儿子淇淇，由于论文写作减少了对他的陪伴，希望妈妈能成为你懂事后的骄傲。

　　谨以此文献给作者所有的老师、亲人、同事、朋友，但愿没有辜负你们的厚望与期待。

郝娟娟

2016 年底于北京